重启增长

陈亮嘴

马少春

刘波涛

著

化学工业出版社

·北京·

图书在版编目（CIP）数据

重启增长 / 陈亮嘴，马少春，刘波涛著. —北京：化学工业出版社，2024.5
ISBN 978-7-122-45261-0

Ⅰ. ①重⋯　Ⅱ. ①陈⋯②马⋯③刘⋯　Ⅲ. ①企业管理 - 研究
Ⅳ. ① F272

中国国家版本馆 CIP 数据核字（2024）第 056492 号

责任编辑：郑叶琳　　　　　　　　文字编辑：张焕强
责任校对：宋　玮　　　　　　　　装帧设计：韩　飞

出版发行：化学工业出版社
　　　　　（北京市东城区青年湖南街13号　邮政编码100011）
印　　装：三河市双峰印刷装订有限公司
710mm×1000mm　1/16　印张 11¾　字数 121 千字
2024 年 5 月北京第 1 版第 1 次印刷

购书咨询：010-64518888　　　　　售后服务：010-64518899
网　　址：http://www.cip.com.cn
凡购买本书，如有缺损质量问题，本社销售中心负责调换。

定　　价：68.00元　　　　　　　　版权所有　违者必究

拿着旧地图，一定找不到新大陆。这是我们在从事企业战略咨询顾问的过程中，经常提起的一句话。

当今时代是一个转型升级、不断变化的时代，因为社会在高速发展，商业在迭代升级，品牌在换新打造，渠道逻辑在变化，消费者在变化。

疫情结束之后，我们的商业已经步入了后疫情时代，每个行业都面临转型升级。

如果你是个人，你需要升级技能、角色，以适应社会的发展要求。

如果你是项目或者企业管理者，你需要升级模式、打法，以获得客户的认可。

如果你是区域城市和产业规划管理者，你需要应时而变，以获得自身优势表达清晰、有共赢链条的产业链发展布局，从而提升区域城市的价值和效应。

在本书中，作者结合自身商业战略咨询从业经验，总结中国企业商业的规律，提出了一套转型战略思想和解决方案，试图为企业如何转型给出自己的答案。

如何重启增长？几年前，笔者连续开设了企业家的商业培训，名字叫"转型战略"，这个转型战略课程的核心思想是研究企业增长，找出增长规律和路径。

结合我们这几年的实战和总结，在本书中为读者提出了一套整合思想、路径和商业地图的工具包。

如果你从事房地产行业，或者是农牧食品产业，又或者是其他众多的不同行业，你是不是经常思考：你的行业该如何转型升级？

或者你是不是想过要转行，进入另外一个"看起来"很好的行业？

我们觉得转型战略的方案，不是改变自己的行业，而是升级自己的模式。

你是不是认可这是一个转型升级的时代？

我们提出，商场就是战场，我们只有两种方式来拥抱这个时代：要么主动转型升级，要么被动淘汰出局。

从多年的落地策划顾问中，我们提出了众多方法论，比如：

一是找市场，包括市场政策、增长机会、消费机会、行业机会。

二是找优势，进而提炼优势、放大优势、整合优势、发挥优势。

三是找模式，包括自身模式、行业模式、外部模式、定制模式。

四是定打法，包括如何做、怎么打、从哪里打、怎样打、策略是什么。

五是促执行，包括绩效思维、评估方式、目标形成、业绩完成、大客户锁定。

我们从事策划咨询服务，协助企业发展，满足企业需要具备的外部眼光。我们有多行业的经验，高速的学习能力，还有自己的方法论。

聘请外部专业眼光和顾问机构，为你赋能。站在局外，梳理企业需求；利用外部思维及多家企业经验，跳脱企业内部局限。

转型有很多误区，但最明显的误区，莫过于转型就是转行。

什么是转型？

转型不是转产，更不是转行，而是商业决策、企业战略和运作模式的升级、升维或路径的转变。

转型战略就是在合适的时间做合适的事，发现新机遇，找到新模式，重塑新打法，优化新体系，执行新效率，落地新结果。

转型的本质，是寻求增长。所以，转型都在寻求增长、呼吁增长的目标中，主动或被动，卷入这一大浪潮之中。

主动转型，可能是找死；不转型，可能是等死。

作为读者，你可以先通过本书的讲解，先得到思想层面的学习和收获，算是用比较低的成本，获得一套有价值的商业解决方案。

最后，特别感谢由众多专家所组成，作为本书智慧支持的朋友们。他们是：九洲风味餐饮股份公司董事长张奉军、江苏黎明食品集团副总经理尚玉永、313健康产业集团总经理董亮、广东芸众集团创始人赵勇、云浮新干线广告传媒董事长李海途等企业家。

目录

第一部分

增长困局

第一章
红利的消失

红利的类型有多种，如人口红利、互联网红利、资本红利等，但都在逐步消失；市场增长的机会也大量减少。转型是大时代的呼唤，每个人、每个个体，都需要进行转型。

消失的人口红利

商业，是建立在人的基础上发展的；没有人，也许就没有商业。

人的多少及其增长规律，决定着商业价值的起伏和大小。

联合国曾预测，中国总人口在 2022 年达到峰值后，将进入持续的负增长阶段。2023 年印度人口数量将超过中国，成为全球第一人口大国。中国人口红利即将消失。

与此同时，中国跑步进入老龄化社会。中国不仅是老龄化速度最快、老年人口规模最大的国家，而且具有未富先老的特征。

人口是影响长期经济增长的关键变量，人口红利意味着劳动力资源丰富和成本优势。人口红利理论、长期停滞理论告诉我们，当人口红利消失，经济将可能陷入长期停滞状态。经济学家凯恩斯甚至早在20世纪30年代就曾发出过警告，人口从增加到减少的转变将给经济增长带来灾难性的后果。

人口红利消失，意味着供需两端长期螺旋式下降。

改革开放初期，中国经济的高速发展离不开人口红利的助力。在2010年以前，中国经济的高增长率与劳动年龄人口迅速增加有关。研究表明，1982—2009年，我国生产效率的提高，近一半的贡献来自农村劳动力的转移。

也就是说，大量从农村来的廉价劳动力，支撑了我国工业的发展，使得我国经济总量在2009年超过日本，我国成为世界第二大经济体。

2010年，我国18～59岁劳动年龄人口达到峰值。自此之后，过去靠廉价劳动力驱动的增长模式逐渐失效。中国经济进入转型升级的新阶段，2014年习近平总书记在河南考察时提出了"三个转变"的重要指示，即"推动中国制造向中国创造转变、中国速度向中国质量转变、中国产品向中国品牌转变"。明确指出中国经济要实现高质量发展。在这一历史时期，中国通过不断改革获得新的增长动力。

到2022年，我国总人口达到峰值，接下来的人口负增长将不可逆转地影响未来的中国经济。劳动力短缺导致工资持续上涨，投资回报率将显著下降，这意味着劳动密集型企业将逐渐萎缩。

数据印证了这一趋势：据统计，我国制造业占 GDP 的比重，从 2006 年的 42% 逐步下降到 2022 年的 28%。未来几年里，这一比例将极有可能进一步下降。

中国有着"世界工厂"的美誉，中国制造凭借"物美价廉"的金字招牌名扬世界，拉着"出口"这驾马车一路飞奔。然而，不断上涨的工人工资，让中国制造业的价格优势逐渐被削弱，导致许多企业将工厂迁往越南、印度等地，一些外资企业开始在中国之外寻找代工厂。

有数据显示，目前中国普通工人的平均工资为 4800 元，而在越南、印度等地却仅为 1100 元。这将对我国的出口产生长期的负面影响。数据显示，我国出口占 GDP 的比重从 2006 年的 35.4% 下降为 2021 年的 19.11%。

一方面，投资回报率的降低，必然会削弱制造企业扩大生产的意愿，进而影响基础建设投资；另一方面，比较优势的丧失，促使劳动密集型制造业向外转型，不可避免地对出口产生影响。长期以来，我国经济靠投资、消费、出口三驾马车驱动。人口负增长不仅对投资、出口产生巨大的冲击，对消费的冲击更加直接、明显。

人口减少，意味着消费者的减少；老龄化，则意味着消费意愿降低。从宏观层面上看，由于老年人口急剧增加，国家养老负担加重，这反过头来加大了就业人群缴纳社保的压力，不可避免地对整体消费能力、消费意愿产生影响。另外，年轻人的房贷支出大、生育意愿低，为了日后养老考虑，他们常常会进行预防性储蓄。这必然加剧储蓄过度、消费不足的趋势。

近几年，国家推出了一系列鼓励生育的政策，但收效甚微。如今，高房价所带来的不确定性和不安全感，进一步降低了年轻人的生育意愿，同时也催生了大量的"躺平族"，他们的消费意愿更低、消费支出更少。

在未来五到十年里，中国消费经济将进入消费降级与消费升级并存的新常态。低收入人群将维持基本的消费，更加倾向于物美价廉的商品；中高收入人群则加大中高端产品的消费支出。

随着人口红利的消失，消费经济发生结构性改变，依靠廉价劳动力实现高速增长的时代一去不复返了。

在新的形势下，中国制造业的转型升级，比以往来得更加迫切。如果不尽早地因势而变，很有可能陷入"温水煮青蛙"的困境中。

见顶的互联网红利

2022年，互联网行业寒意袭来。曾经让人艳羡不已的互联网大厂因大刀阔斧裁员而陆续登上了各大媒体的头版头条，登上榜单的个个声名显赫：脸书、亚马逊、推特、阿里巴巴、腾讯、百度等。

仿佛一夜之间变了天，这些互联网大厂到底怎么了？用一句话可以概括：互联网红利消失，增长失速，降本增效成为必然。

从 20 世纪 90 年代末开始，互联网风以不可阻挡之势席卷全球。在资本的加持下，互联网行业呈现出指数级增长的态势。互联网发展的势头实在太猛了，传统巨头还未来得及反应，就被新的互联网新贵所赶超。

经过二十多年的高速发展，互联网已成为人们的生活必需品，每天至少有 4.2 小时的时间花在网上。

据统计，2022 年 6 月我国网民规模为 10.51 亿人，互联网普及率达 74.4%，仅比 2021 年 12 月提升了 1.4%。这意味着互联网的渗透率接近极限，增量竞争正在演变成存量竞争。网民上网时间是有限的，在网民数量未见明显增加的情况下，争夺网民上网时间的战争，就成了零和游戏。

凭借早期的市场红利与先发优势，互联网几大巨头掌握了行业话语权。它们纵横捭阖，以资本之手、平台之力编织了一张生态大网。优秀的互联网初创企业，要么成为其生态中的一员，要么在它们的围剿中艰难地生存。如今，互联网行业竞争格局初步定型，今天想要在零和博弈的互联网行业中脱颖而出，很难靠市场红利来实现，必须依靠内生式增长才能突破互联网大厂的包围圈。

互联网的各个细分市场都已被巨头占据，尤其是搜索、电商、游戏、社交网络、短视频等利润率高、运营难度低、市场增量大的领域，早已被互联网巨头瓜分殆尽，留下的都是难啃的骨头。

在互联网发展早期，互联网公司只需要少量的技术人员就能取得成功。例如 Instagram 在 13 名员工的情况下，发展到 3000 万用户；

WhatsApp 仅用 50 名员工，发展了 5 亿用户。现在，互联网创业公司必须与传统产业结合，才能建立自己的核心竞争力，获得成长的机会。滴滴的成功，靠的是 1100 万网约车司机；美团的成功，靠的是 500 万美团骑手。

相比早期互联网公司的研发驱动增长，现在的互联网公司更多地依靠销售、运营、推广与管理，它们在这方面投入的资金与人力比传统的互联网巨头要高得多。互联网的成熟抬高了创业的门槛，靠一个点子、满腔热血就能创造财富奇迹的时代已经远去。现在你很难想象，仅靠数十名员工，就能创造出一个价值百亿的平台型企业。

对互联网巨头来说，形势也不容乐观。过去，用户井喷式增长，各大互联网巨头可以通过做大蛋糕，共享市场红利；现在，用户增长乏力，巨头们开始想尽一切办法留存用户，争抢蛋糕。以电商为例，阿里系国内消费者达到 9.79 亿人，拼多多年度活跃买家为 8.82 亿人，京东年活跃用户超过 5.88 亿人。三大巨头的用户数与网民总规模非常接近，用户增长已达极限。如今，阿里考核的关键指标，从用户活跃度变成了用户留存度。

在残酷的零和竞争下，互联网大厂开始讲述新故事。它们加大了降本增效、去肥增瘦的力度，主动收缩投资版图，缩编长期不盈利的非核心业务。聚焦核心、内生增长、控制成本、提升效率、增强体验等过去被忽视的课题，成为新故事的主角。正是在这样的大背景下，裁员潮席卷而来，寒气逼人。

对于原生于互联网的新消费品牌来说，形势也有了新的变化。

2011 年，微信诞生，小米手机发布，移动互联网的大幕正式开启。接下来的几年，各类公司纷纷入局，各种 APP 不断涌现，构成了一幅繁荣的移动互联网生态图景。

2016 年，两个现象级产品的发布，重塑了移动互联网格局。这一年的 4 月，淘宝直播上线；同年 9 月，抖音上线。它们开启了直播带货的新时代，也掀起了新消费的大浪潮。以元气森林、拉面说、钟薛高为代表的新消费品牌开始崛起，此后资本大规模进入，新消费赛道一度炙手可热。

到了 2021 年下半年，新消费赛道开始逐渐降温。新消费品牌扎堆出现，导致当红主播的坑位费、佣金水涨船高，获客成本被持续推高。随着时间的推移，新消费品靠当红主播推荐、赔本赚吆喝的方式对用户日渐失效，由此催生一批专业的"薅羊毛党"。同时，受薇娅、雪梨、李佳琦等头部主播停播事件的影响，一直依赖直播流量的新消费品牌陷入增长困境。

无论是初创型互联网公司、互联网巨头，还是新消费品牌，互联网红利期已经过去。在流量日渐见顶、获客日趋困难的大趋势下，企业要获得更大的成功，必须清晰地认识到：依赖于短期甚至是昙花一现的红利，注定走不了太远。

与其疲于追逐风口、红利，不如未雨绸缪，提前做好转型升级的准备，让产品与服务自带流量、产生口碑，构建强健的线上线下一体化的渠道网络。

转向的资本红利

2022 年是一个分水岭。如果说过去的 20 年是资本的上半场，主角为美元基金，那么从 2023 年开始，资本的下半场，站在舞台中央的将是人民币基金。

20 世纪 90 年代，大卫·卡普兰所著的《硅谷之光》风靡世界。在资本的催生下，年轻的极客们所创造的一夜暴富神话，让他们成为世人敬仰的互联网英雄。从此之后，资本与互联网像两条缠绕的绳索，相生相融，如影随形。

2001 年中国正式加入 WTO，开启了波澜壮阔的全球化时代。以 IDG、红杉资本、高瓴资本为代表的美元基金，看到中国融入世界的巨大机遇，第一时间进入中国，并对中国互联网初创公司下重注，渴望在中国复刻硅谷创造的奇迹。

过去的 20 年，中国诞生了包括腾讯、阿里、百度、京东、美团、抖音这样的时代弄潮儿，也给美元基金带来了巨大的回报。在新能源汽车、生物科技、医疗健康、人工智能、芯片产业、生活服务、新消费等领域，美元基金依然发挥着巨大的作用。如果没有它们的助推，中国的高科技产业不会如此蓬勃繁荣。

2023 年，中国迎来了资本的下半场，主角将是人民币基金。

2022 年是极为动荡、充满不确定性的年份。这一年，受新冠疫情、高通胀、地缘政治争端、能源危机等因素的影响，全球最优秀的科技公司遭遇前所未有的股价下跌，苹果、亚马逊、谷歌母公司Alphabet、微软、特斯拉、Meta（脸书）的市值分别蒸发1万亿美元；8600亿美元、7300亿美元、7000亿美元、6897亿美元、5940亿美元。

在全球衰退的大趋势下，中国科技公司也未能幸免。腾讯市值蒸发6822亿元，阿里市值缩水4765亿元。被寄予厚望的能源车新势力"蔚小理"❶，股价分别下跌69.07%、81.34%、42.59%。这一年，263只中概股的总市值蒸发掉5.27万亿元，其中有167只破发，超过六成。

在科技股集体跳水的同时，美元基金开始大撤退。2022年，美元基金迎来了20年来投资下降幅度最大的一年，下降了67.3%。曾经火热一时的互联网赛道，仿佛在一夜之间，被美元基金抛弃。如果互联网初创企业没有成为大平台的可能，那么很难获得美元基金的青睐。

在互联网巨头近乎垄断的市场格局下，打造一个平台级的企业谈何容易。即便有可能成为平台型企业，也必须承受得住互联网巨头的联合围剿。在当今的互联网世界，既具备平台潜力又有抗击打能力的互联网公司少之又少。

即便是在最容易跑出来的新消费领域，美元基金的投资力度也逐渐减少，因为在这个领域，很难再出现一个类似于美团、滴滴这样能够带

---

❶　指蔚来、小鹏、理想三家新能源汽车生产厂家。——编者注

来丰厚回报的巨无霸，而且新消费品牌发展到一定阶段，还会面临用户破圈、线下渠道布局等难题。

种种因素叠加之下，对互联网赛道情有独钟的美元基金逐渐退场，取而代之的是，人民币基金强势崛起。这一年，大量百亿级的政府引导基金、产业基金相继设立，一级市场的投资规则正在发生巨大而深刻的变化。其中最大的变化是，资本大水漫灌的时代永远结束了。

美元基金习惯"大力出奇迹"，讲究几十倍甚至上百倍的回报；而人民币基金更加理性、谨慎，更加关注企业是否具备盈利能力、增长模式是否健康。

政府引导基金更是如此，其投资逻辑在于在当地发展符合国家重点扶持的项目，例如新能源汽车、半导体芯片、高端制造业等。它们希望所投的企业都能留在当地，促进就业，提高税收，增加GDP。因此，这就决定了它们的投资理念，是用最小的投资投出更多的优秀企业，让这些企业在当地建厂、招工、纳税。

高端制造业的技术研发、产能建设需要时间，不可能在短期内获得指数级增长。对美元基金来说，这样的项目缺乏想象力；但对人民币基金来说，看重的是其背后的长期价值。

2022年，在高端制造业，投资最活跃的投资机构都具有政府引导基金背景，如深创投、毅达资本、合肥创新投资等。数据显示，2022年，在一级市场融资领域，生产制造领域的融资数量与金额全面领先，共完成 3118 笔融资，总金额 2411 亿元，占全年一级市场融资总额的 20.6%。

事实上，制造型企业也更愿意接受政府引导基金的投资。因为它们除了带来资金外，还能帮企业争取更多的政策扶持，例如土地厂房园区租金减免、各项补贴奖励等。

春江水暖鸭先知。投资风向的转变，揭示了中国未来的产业发展方向。当国外的独角兽企业有三分之一出自金融科技、区块链等领域时，在中国则是越来越多的优秀创业者坚定地选择高端制造业。这是"中国制造 2025"的重要战略方向，也是突破美国科技封锁、摆脱卡脖子难题的关键所在。

如今，传统制造发展路径遇到瓶颈，制造业转型升级的机遇已经出现。在资本的上半场，在美元基金的助推下，中国互联网行业实现了井喷式发展，掩盖了其他产业的光芒。拨开浮云迷雾，人民币基金将开启资本的下半场。紧跟国家的脚步，中国制造业将诞生更多的优秀企业。

在当前的资本风向之下，如果你的企业仍然"脱实向虚"，热衷于讲故事、画大饼，没有自我造血能力，大概率会被资本抛弃。对那些在生产制造领域打下坚实基础的企业来说，则是个巨大的利好消息。

只有开启转型升级的按钮，才有可能破茧成蝶，再次腾飞。

市场看得见的红利消失了，转型势在必行。

不管你喜欢不喜欢，不管你愿意不愿意。

思考题

人口如果越来越少，该如何调整商业决策？

互联网风口期已经错过，该怎么办？

请结合本章的阅读感受，写出收获和行动改善、计划思路关键词：

1

2

3

4

5

发送阅读思考作业给作者，获得咨询问答和互动。

第二章
小而美的迷思

小而美的概念最初源自"Small is beautiful"这一理念，它不仅仅是指规模小，而是强调在有限的规模下追求精致和美。

在商业领域，尤其是电商和创业公司中，小而美意味着企业保持适度的规模，保持灵活性以适应市场需求。它强调的是产品线的精简和单位产品的可持续发展能力，追求的是特色和极致，是一种经营状态。

小而美的企业通常能够以较小的成本获得较大的利润空间，并且在人工和备货方面的资金投入也相对较小。此外，小而美也意味着聚焦更加细分的市场，满足特定群体的需求，追求新意、态度和极致，从而在体验经济时代中脱颖而出，形成独特的竞争优势。

安于现状的风险

前两年由于疫情的影响，很多企业家开始主动收缩业务，甚至失去了开拓的原动力。如果问他们企业的愿景如何、将企业带往何处，往往会听到同一个回答：小而美。

甚至不少的专家把小而美作为企业的战略方向，认为商业只有小而美才能获得未来，真的是这样吗？

本质上，这是为"躺平"找借口。企业的本质是创造利润、保持增长，两者缺一不可。不愿意挑战目标、做大做强，这样的想法对经营企业来说非常危险。我们必须站在更高的视角，透过现象去看"小而美"的本质。

英国经济学家 E.F. 舒马赫在《小的是美好的》一书中指出："企业不是越大越好，相反，小也有小的好处，例如，船小好掉头，灵活性较强；不必像大企业那样，制订繁文缛节，强迫员工步调一致、整齐划一；人员少，容易拧成一股绳，形成强大的合力等等。"所以，舒马赫说："小的是美好的。"

这一颇具争议性的观点，引起了读者的热烈反响，以至于在 1972 年到 1979 年的 8 年时间里重印 12 次，在全球范围内形成了广泛的影响。

2008 年，淘宝成为亚洲最大的购物网站，用户数量破亿，马云的影响力如日中天。为了给淘宝营造一个良好的生态环境，马云重提"小而美"，希望卖家重视品质、打造差异化的竞争力。此后，做规模不大、业务单一、门槛较高、利润丰厚的"小而美"企业，被许多淘宝卖家奉为圭臬。

某种程度上，"小而美"企业满足的是庞大的长尾需求。在淘宝发展的早期阶段，"小而美"企业具有相当的竞争力。在淘宝的大力扶持下，一批"小而美"品牌快速崛起，成为资本的宠儿。它们有一个共同的名字：淘品牌。然而，当大型传统企业批量进驻后，淘品牌的流量优势没有了，生存空间逐渐被压缩。2013 年，淘宝网品牌 TOP10 的前四席都是淘品牌，但到了 2020 年，淘品牌直接从榜单消失。

本质上，淘宝天猫主要利润来源于商家的服务费与广告费，这决定了它的天平必然向实力雄厚的大品牌倾斜。传统强势品牌的入驻，不仅给电商平台带来了更优质的商品，也带来了大量的用户。

这是实力相称的双向奔赴，自然与急需流量哺喂的"小而美"企业不可同日而语。经过多轮的迭代，大部分"小而美"的淘品牌已消失在历史的长河里，只有如小熊电器、三只松鼠等少数品牌不断破圈成长，成为细分市场中"大而强"的品牌。

"小而美"企业，看起来构筑了既宽且深的护城河，在细分市场有着优势地位。

然而，一个不得不正视的事实是，在那些巨无霸的大型企业面前，"小而美"企业精心构筑的护城河，不过是浅浅的小河沟而已，随时都可以用资本、品牌、供应链的铲车将其碾平。

无论是你愿不愿接受，这个世界不可避免地滑向一个残酷的现实：强者愈强，弱者愈弱。

这被称为"马太效应"。这一现象不仅广泛存在于商业世界之中，而且在教育、金融、科学等领域中也很常见。无论在国外，还是在中国，马太效应普遍存在，而且愈演愈烈。

国际慈善组织乐施会 2023 年 1 月 16 日发布的年度报告显示，过去两年里，全球最富的 1% 人口所获财富是其余 99% 人口的近两倍。在绝大多数行业，都呈现出了三足鼎立的格局；前三名的市场份额总和，通常大于第四名到第十名的总和。

在某些行业，甚至出现了双雄争霸的格局。例如高端白酒市场，茅（茅台）、五（五粮液）、泸（泸州老窖）占据了半壁江山；在碳酸饮料市场，是可口可乐、百事可乐的天下；在全球西式快餐市场中，肯德基、麦当劳具有不可撼动的竞争优势；在电商平台，淘宝、京东、拼多多三分天下；在短视频领域，抖音、快手、微信视频号的地位无法撼动。越是充分竞争的市场，马太效应越是明显。

在 20 世纪 90 年代早期，华为是典型的"小而美"企业。凭借物美价廉的工程机，华为在与爱立信等老牌通信设备制造商的竞争中胜出，成为中国通信设备领域的佼佼者。我们做一个不恰当的假设，如果当初华为创始人任正非没有一颗"做大做强"的心，只是偏安一隅，没有危机意识，华为也许早就不存在了。

在动态的商业竞争中，没有什么优势是可以永久保持的。当技术发展到一定阶段，一定会出现低成本竞争，而没有大的市场规模，是不可能有低成本的。正是洞悉了这一商业真理，任正非因此感叹："没有规模，难以对付未来的低成本竞争。"他写下那篇著名的《华为的冬天》

勉励自己和华为同仁，不断进击，做大做强。

写下这篇文章没过两年，华为的同行诺基亚快速陨落。

像诺基亚这样的巨无霸企业，几乎一夜之间倒下，更何况身柔体弱的中小企业？从这个角度看，"小而美"，只能代表企业在特定阶段的一个状态，而不应是终极目标。对"小而美"企业而言，最终的出路是做大做强。

破圈难题更难

创业如逆水行舟，不进则退。在竞争极其残酷的商业世界里，哪有什么世外桃源、潘多拉星球。当那些巨无霸开着战车轰鸣而来，你所向往的小美好瞬间就会被摧毁。

我们来历数那些昙花一现的"小而美"品牌：被无数文青追捧的锤子手机，扛不过苹果、华为、小米的竞争，最终倒下；比滴滴更早诞生的商务出行 APP 易到，被规模更大、价格更低的滴滴干翻，消失不见；以凡客体火爆出圈、备受雷军青睐的凡客诚品，未能走出黎明前的黑暗；以开豪车送煎饼果子为噱头的黄太吉，曾一时风头无两，然终究是过眼云烟。这样的失败案例不胜枚举。

托尔斯泰说：幸福家庭大抵相似，不幸家庭各有不同。固然，失败的企业各有缘由，但那些失败的"小而美"企业有一个通病：错将"小而美"当盾牌，当规模之矛刺来，所有的光鲜与华丽不堪一击。

数据显示：8000 多万中小企业，平均生命周期只有 2.9 年。存活 5 年以上的不到 7%，10 年以上的不到 2%！超过 98% 的中小企业成立 10 年内，都会走向死亡。在特定的历史时期，聚焦细分市场的"小而美"企业可以很好地活下来，但要成长为基业长青的隐形冠军，则需要具有强大的抗风险能力。

对"小而美"企业来说，池小鱼大、大水漫灌是最大的风险。一旦行业巨头发现"小而美"企业所在的细分市场有利可图，通常会采取两种战术，一是整合收购，二是发起自伤型攻击。一般的"小而美"企业都抵挡不住这两招。

前者是终极诱惑，"小而美"企业的创始人可借此机会套现离场，获得一个圆满的结局；后者是毁灭打击，行业巨头的自伤型攻击虽然是"伤敌一千，自损八百"，但对于战略要地，它们宁肯大水漫灌、付出巨大的代价也要拿下，在这样的情况下，"小而美"的结局通常都很惨烈。

我们以共享单车为例。在早期，以摩拜、OFO 为代表的共享单车企业，以迅雷不及掩耳之势在各大城市攻城略地，很快就成长为小巨人。互联网巨头们开始觉醒之时，也是它们的命运终结之时。摩拜接受了美团的整合收购，创始人套现数亿元离场，快速实现财富自由；OFO 拒绝了滴滴抛出来的橄榄枝，创始人负债累累，被限制高消费，苦不堪言。虽然摩拜、OFO 的命运各不相同，但殊途同归，面对巨头的胡萝卜或大棒，根本无法抵抗。

除了要应对巨头的竞争压力，"小而美"企业也要及时应对行业的变化。

随着科技向传统行业不断渗透，产业变局的速度与频率加快。在计算机行业，有一个著名的摩尔定律：每两年，处理器性能翻一番，同时价格降一半。在许多传统行业，类摩尔定律开始出现。例如手机行业、家电行业及新能源汽车行业，已经出现了摩尔定律的影子。技术迭代、产品换代的节奏越来越快，刚推出的新产品，不过两年就已被淘汰。如果没有强大的研发实力做支撑，很难跟上这样的快节奏。

理论上看，任何企业的发展都是"非连续性曲线"，企业无法永远停留在最高点。根据产业发展的曲线，即便是苹果这样的企业，也逃不过这个规律。1985年，乔布斯被迫离开苹果，此后苹果的业绩一落千丈，沦为一个平庸的企业。直到1997年，乔布斯回归之后，苹果才焕发出了新的生命力。

此外，"小而美"企业的创始人还要应对来自内部的压力，既要防止创业元老掉入"温水舒适区"陷阱，又要满足年轻团队嗷嗷待哺的成长诉求。

内外部的巨大压力，没有任何企业能永远保持"小而美"的状态。在细分市场上持续耕耘数十年的隐形冠军们，早已不是人们口中的"小而美"，而是实质意义上的"大而强"，是引领行业未来发展方向的小巨人。

误读"小而美"非常危险，会将企业带入歧途。连舒马赫本人也承认，"小的是美好的"只有在离开国际竞争的相对封闭的社会里才有可能实施。可见，在全球化浪潮中，在充分竞争的环境下，"小而美"是一个"伪命题"。

破圈发展，是"小而美"品牌的生存法则。如果仅限于满足小众需求，而不寻求破圈生长，那么迎接它的是规模越做越小，最终消失不见。对"小而美"的企业来说，破圈有两重内涵：一是快速扩大用户群，打造品牌力；二是夯实长板，弥补短板，增强系统性的抗风险能力。

在另外的战场上，中国"小而美"企业呈现了一番繁荣的景象。我们来看一组数据：2021 年末，我国企业数量达到 4842 万户，99% 以上是中小企业；其中，中小微民营企业贡献了 58.2% 的外贸增长；90% 以上的专精特新小巨人成为国内外大企业的配套专家。

这个数据可以大致勾勒出中国"小而美"企业的未来走向：一是迈向全球，再小众的产品放到全世界，都会产生无限广阔的大市场；二是建立差异化的竞争优势，成为大企业离不开、放不下的合作伙伴。

世界管理大师彼得·德鲁克曾说过一句话："小企业经不起处于边缘状态，却长期处于这种危险之中。因此，它必须仔细考虑出一种能使它显出特色的战略来。"

面对千变万化的需求、眼花缭乱的商品、充斥于耳的噪声，"小而美"企业更需要保持战略定力，集中兵力打造技术的核心竞争力，走出一条差异化竞争的道路。唯其如此，才能在全球化的大浪潮中，从容应对大型强势企业的碾压式竞争。

供应链与商业模式的生死考验

如果将一个企业的生命曲线分为初创期、成长期、成熟期、衰退期，那么"小而美"更多的是初创期的状态。

一个没有勇气向"大而强"进发的企业，远远谈不上成功，甚至连成长都谈不上。

"小而美"企业大多处在"从 0 到 1"的阶段。

在这个阶段，企业将直面诸多生与死的考验。

其中第一道也是最大的生死考验是供应链的考验。

大多数"小而美"的企业，具有轻资产的属性。它们或在设计上让人惊艳不已，或在功能上让人眼前一亮，或在概念上让人拍案叫好，但从产品原型走向量产制造，还有很长一段路要走。很多"小而美"的企业，因为轻视供应链管理，而遭到近乎灭顶般的打击。

我们以手机行业为例。一台智能手机有 1000 多个零部件，核心的零部件都分散在全球顶级供应商手中，如芯片来自高通、联发科，屏幕来自三星、夏普、LG。这些顶级供应商是看不上小品牌的，如果没有足够的订单做保障，不仅无法获得足够低的价格，而且在交付上也不会排在优先级。

　　小米在创业初期，仅在屏幕开模上的费用就达到了百万级美元。不管你是卖一台手机，还是卖一亿台手机，这笔费用都是硬支出。销量越大，在模具上的平摊成本就越低。如果要定制开发个性化的手机，代价更是高昂。一加手机曾花了1亿元的代价，与三星联合研发高刷新率的屏幕，但正式发售后，马上就遇到了屏幕供应不足。锤子手机创始人罗永浩为了追求极致外观，低估了生产制造的难度，最后导致大量的不良品，既浪费了钱，又耽误了手机上市进程。锤子手机的倒下，跟供应链有着密切的关系。

　　在这样的现实环境下，抱着"小而美"的心态去做手机，大概率是不挣钱的。没有钱怎么做研发？像锤子手机一样，无论在软件上做多少微创新，都无法弥补在硬件上的短板。某种程度上，"小而美"企业都渴望创造一种不一样的体验，多少带有一些理想主义的色彩。这固然能吸引很多人，但面对现实中的供应链问题，它们不得不走向它们所曾经痛恨的"平庸"。

　　选择小，实际是一种示弱；选择美，则需要相配称的能力。两者是矛盾的一体两面。

　　我们可以将"小而美"当作一种情怀，但不能将它视为一种能力，更不能把它当作商业模式。创业者必须清晰地认知到，当前的企业竞争是生态链的竞争，在激烈竞争的市场中，"小而美"企业很难在上下游生态中获得整体优势。更重要的是，"小而美"企业满足的是小众人群非刚需的需求，很容易被消费者所抛弃。

　　如果没有找到向上进击之路，"小而美"终将消亡。

第二道生死考验是商业模式的验证。

很多企业家以身为"小而美"而自得。其实不是因为他自己有多厉害，而是因为领先者根本没有把他放在眼里。领先者藐视，但不代表它们没有留意。

这其实是领先者留给"小而美"企业的最佳窗口期，你必须跟自己赛跑，充分发挥自己的特长，快速成长为行业的天花板。例如新能源汽车新势力蔚来、小鹏、理想，2021 年销量超过 12 万辆，这点销量在汽车巨头那里，根本不值一提。然而，它们三家却在新能源赛道建立了巨大的用户价值，如蔚来汽车的用户服务能力，小鹏汽车的智能驾驶能力，理想汽车的家庭用户能力。假以时日，这些能力能帮助企业建立不可替代的优势。

在从 0 到 1 的阶段，"小而美"企业要快速验证商业模式，持续放大特长。正如理想汽车创始人李想所说："发现特长，不是打通任督二脉，而是扎扎实实地投入，集中一个火力点，十倍于他人的人才和资源的投入，没有任何捷径可走。"他认为，企业的创始人脑中所想、口中所言、行动所致、口袋所花，都是围绕这个特长展开。千万不能飘浮在空中，也不能浅尝辄止，更不能什么都试一试。"要么全力以赴，要么早点去死。"李想警告称。

和"蔚小理"一样，特斯拉也是在从 0 到 1 的阶段，发现了自己的特长，并在极短的时间内，将特长打造成传统车企无法企及的优势。特斯拉用 Model S 和 Model X 验证了它的三电能力（电池、电机和电控系统），顺利度过从 0 到 1 的阶段。

过去的 10 年里，新能源汽车的创业者很多，但 96% 以上的企业都失败了，300 多家只剩下不到 10 家。

这些企业最大的通病是没有发现自己的特长，浪费大量资金与时间，去验证商业模式。例如贾跃亭创办的法拉第汽车，一上来就是大而全、高大上，错过了新能源汽车发展的黄金时间，直到今天仍然没有量产。

当然，要成功迈进"大而强"的成长阶段，除了持续放大优势之外，还必须时刻应对市场的竞争，补齐短板。

元气森林在"从 0 到 1 阶段"，通过寻找海外的对标产品快速验证商业模式，例如燃茶对标伊藤园、三得利，气泡水对标巴黎水、圣培露，在最短的时间里发现"0 糖 0 脂 0 卡"的特长，在消费者内心建立起强势的品牌印象，并持续放大这一认知。同时，元气森林通过发力供应链加强对核心原材料赤藓糖醇的控制，在终端布局 10 万台智能货柜以应对可口可乐、农夫山泉等饮料巨头的竞争。

短短五年时间，元气森林的年销售额从数千万变成了 100 亿元，实现了从"小而美"到"大而强"的跃迁。

很多看似极具潜力的"小而美"企业，却令人意外地失败了，很大一部分原因是没能补齐竞争的短板。例如黄太吉没有补上产品的短板，七格格没能补齐供应链的短板，拜腾汽车过度铺张浪费，未能补齐制造的短板。

企业从"小而美"迈向"大而强"的过程，是千里挑一的淘汰赛。胸无大志、止步不前、盲目冒进、迷茫徘徊的创业者，将永久地被淘汰，只有少数人才能拿到新赛段的入场券。在那里，等待他们是更强大的对手、更激烈的竞争。

思考题

为什么躺平不应该是企业家的思维习惯?

你的决策和思维模型升级了吗?

你是否觉得升级转型、改进模式、深度理解顾客是如此熟悉但又困难重重?

请结合本章的阅读感受，写出收获和行动改善、计划思路关键词:

1

2

3

4

5

发送阅读思考作业给作者，获得咨询问答和互动。

第三章
成长的诱惑

创业九死一生。自从踏上创业之路，就注定了要与焦虑做斗争。

在"从 0 到 1"阶段，要时刻筑高城墙，提防巨人来袭；在"从 1 到 10"的成长阶段，则要抵御各种诱惑，持续做大做强。

对多数企业来说，成长是成功的重要标志，但成长也是一把双刃剑。尽管它能给企业带来诸多的优势，比如对供应链有了较大的话语权，品牌得到了消费者的初步认可，可以选择更有经验的渠道合作伙伴。但是在成长期，企业会面临很多的诱惑，如果不能有效管理这些诱惑，企业将不可避免地遇到成长的障碍。

普华永道曾对美国快速成长企业的 CEO 做过一次调查，它发现有超过 2/3 的 CEO 认为未来 12 个月会遭遇成长障碍。战略管理专家、梅斯商学院教授杜安·爱尔兰认为："总的来说，成长是一件好事，但企业很容易超越管理'成长能力'的极限。"当创始人的管理能力跟不上企业成长的速度，就会遇到很多挑战。

　　诱惑犹如色彩艳丽、甜美多汁的禁果，尝了一口之后，很难停下来。初尝禁果，通常基于一个看似正确的理由或动机，比如单一产品会给企业带来风险，不要把鸡蛋放在同一个篮子里，企业利润下滑，必须找到新的增长点，诸如此类的理由。他们看到了外部市场的机会，但忽略了内部能力的挑战。如果忽视这些，企业不仅受到羁绊，而且会遭遇失败。

　　管理学家彼得·德鲁克曾说，"成长是如此脆弱"。处在成长期的企业，大多难以经受太多的折腾。很多企业靠机会运气、概念炒作、广告轰炸、一招制胜而快速崛起，看似小有成就，但其实并不是真正意义上的成功。短暂的繁荣，不代表持续的成功。成长的速度往往掩盖了致命问题，当速度慢下来，问题将一一暴露。

　　在"从1到10"的成长阶段，各种诱惑会迎面而来，很难让人不心动。

　　因此，要抵御诱惑，首先要识别诱惑的本来面目。我们从全球数百个失败的案例中，分析了企业面临的各式各样的诱惑，总结下来基本上可以分为两类：一是多元化的诱惑，二是高速度的诱惑。

多元化诱惑

　　每个野心勃勃的企业家，都有一颗打造企业帝国的心：在"国王"的精心治理下，每个业务都欣欣向荣、一片繁荣。但在大多数情况下，这是一种不切实际的幻想。

大胆喊出"为梦想窒息""生态化反 ❶"口号的乐视创始人贾跃亭，惨败之后远遁美国，被限制高消费后一直无法回国；即便强大如许家印者，也是因为陷入多元化的误区而爆发债务危机。

企业在实行多元化之初，通常会被华丽的外衣所蒙蔽。贾跃亭的构想是乐视的平台、内容、终端、应用、电商、酒业、汽车等业务板块相互联动、共同促进，进而形成一个繁荣的生态。许家印的构想则是客户买了房子后就会产生一揽子的需求，如物业管理的需求、买车的需求、健康的需求、看电影的需求、小孩娱乐的需求、购物的需求等，如果以遍布全国的恒大社区为依托，一站式满足客户的各种需求，将具有无限大的想象力。

从大体的逻辑上看，贾跃亭、许家印的想法并没有问题，而且在部分业务上做得非常成功，例如乐视的影视业务、电视业务；恒大的物业、影视业务等，但多元化强调的是每一个长板都要足够长，如果某个业务出现短板，就会拖累其他业务。在面对亏损业务时，很多企业家迟迟不愿意放手，不愿意壮士断腕。犹犹豫豫之中，把自己逼入绝境。

为了避免单一空调业务所带来的经营风险，从 2017 年开始，格力一直在尝试走多元化经营之路，先后进入冰箱、洗衣机、手机、汽车等领域。

格力首先进入的领域是手机。格力董事长董明珠曾不遗余力地为格

---

❶ 似为贾跃亭生造出来的词语，"化反"为"化学反应"之简称。——编者注

力手机代言，但几年过去了，格力手机仍只在小范围内使用，并没有在大众市场掀起多大的浪花。此后，格力通过入股珠海银隆，曲线进入新能源汽车领域。两家公司的合作之初就命运多舛，甚至发生了银隆董事长侵占公款跑路的事件。2022 年，6 米以上新能源客车市场中，格力的市场占有率仅 2.82%，销量仅 1736 辆。紧接着，董明珠雄心勃勃地宣布投资 500 亿，进入芯片制造领域，但热闹了一阵之后，格力造芯片的声音几乎消失不见。

在一次股东会上，有股东对格力小家电、手机等业务的失败提出质疑，董明珠反问："你是不是要我每样都做到 1000 亿才叫成功？"尽管现在评价格力多元化战略的成败还为时尚早，但几乎可以肯定的是，即便像董明珠这样的成功企业家，都很难在每个多元化业务上做到成功，更何况其他人？

实施多元化战略的前提，不是机会导向，也不是生态协同，而是能力驱动。

市场机会具有很大的不确定性，很多行业受外部环境的影响非常大，例如教培行业、太阳能行业、房地产行业等，一旦黑天鹅、灰犀牛事件发生，整个行业都会受到影响。新东方、汉能、恒大等巨头级企业，都曾因为外部环境变化受到巨大冲击。每个行业都能找出众多的细分市场，每个细分市场都可能是蓝海市场，虽然它蕴藏着巨大的机会，但也伴随着惊涛骇浪。俗话说，隔行如隔山。企业要在新领域取得重大突破，不仅要有乘风破浪的勇气，而且需要具备抗风险的能力。

很多企业家将生态协同当作核心能力，正如贾跃亭所做的那样，他认为乐视的用户不仅会看乐视出品的电影，而且会买乐视的手机、电视机，同时也会买乐视造的新能源汽车。这貌似符合逻辑，但他低估了在新领域取得成功的能力建设。比如，手机行业的供应链建设，仅此一条，就足以把乐视搞得焦头烂额。

格力在多元化经营中进展不如预期，一个非常重要的原因在于，尚未建立相匹配的能力。董明珠希望格力手机跻身排行榜前列，但格力几十年来一直围绕空调主业运作，对手机的生产制造、经营管理、品牌打造等方面缺乏深入的了解。这样的能力，显然不足以让格力手机进入前几名。

美国 GE（通用电气）公司传奇 CEO 杰克·韦尔奇曾提出了一个多元化的原则："数一数二"。"数一数二"的意思是，如果某个业务做不到行业领先，就应该毫不犹豫地把它卖掉。这句话也可以这么理解，如果企业不具备在某个行业做到数一数二的能力，那么这个行业是不值得进入的。数一数二原则是韦尔奇的核心战略之一，这个原则影响了一大批成功的中国企业家，如海尔创始人张瑞敏、联想创始人柳传志、阿里巴巴创始人马云等。

小到一个企业，大到一个国家，数一数二原则同样适用。2004 年，国资委的改革如火如荼。成立不久的国资委，面临着一个散而不强的格局：国资委旗下央企 196 家，资产总额 7.1 万亿元，但利润仅为 0.24 万亿元，资产回报率还不及银行存款利率。

国资委主任李荣融上任后，提出了类似于数一数二原则的改革思路。国资委管理的央企都必须进入行业前三名，首先在国内前三名，然后在国际前三名，达不到要求的就要被卖掉，央企重组的原则就是"尊重市场"。2020年底央企资产总额从8万亿元上升到69.1万亿元，进入世界500强的央企从6家上升到48家。

在央企中，华润是典型的代表。2022年华润营收超过8187亿元，位列《财富》世界500强第70位。我们来看看华润集团的数一数二业务：

华润啤酒旗下的雪花啤酒品牌是全球销量最高的单一啤酒品牌，连续16年位居中国市场销量第一；华润万家超市自营门店超过3300家，营收超过800亿元，行业排名位居前列；华润怡宝在瓶装水市场上的份额超过20.9%，仅次于农夫山泉位居第二；华润五丰的大米，在全国现代渠道市场份额位居第三；华润燃气是中国最大的城市燃气运营商之一，市场份额超过了9%；华润医药拥有双鹤、999、江中、东阿阿胶、博雅生物等多家知名医药企业，整体实力位列医药行业前三。

从上述数据可以看到，华润集团的主要业务板块，全部符合数一数二的原则。从华润集团的成长曲线中，我们发现一个重要规律：只要是华润集团计划进入的领域，它一定会做到行业领先，哪怕是耗费巨资并购整合，也要达到目标。要么做到数一数二，要么就不做。正是基于这样的原则，华润集团在多个充分竞争的行业里持续领先。

2022年底，各大互联网巨头开始了业务缩编，缩编的原则仍然是"数一数二"，持续不盈利、看不到前景、不能做到行业领先的业务被列为优化对象。

为了与抖音、快手竞争，腾讯曾经推出了一系列的短视频应用，如微视、下饭、时光、速看、QIM等，应用多达15款，希望通过狼群战术，蚕食市场份额。然而事与愿违，这些应用消耗了腾讯大量的流量，严重分散了腾讯的用户资源。由于内卷十分严重，每一个应用的成长极慢，哪怕全部加起来，也根本无法与抖音、快手相抗衡。这样的战略错误，使腾讯在短视频上的布局落后抖音、快手至少两年。为了做到数一数二，腾讯不得已让这些应用自然死亡，倾注所有资源发展微信视频号。如今，快速发展的腾讯视频已跻身短视频行业的前三，被马化腾寄予厚望，成了"全厂的希望"。

在心理学上，有一个"选择性记忆"现象。人的大脑具有意识过滤的功能，重要的信息会被强调，不太重要的信息会被淡忘，甚至根本就没有被记录下来。哈佛大学心理学教授乔治·米勒经过研究后，进一步提出了"7±2"理论。

该理论认为，在不得重复练习的情形下（如看电视字幕），在2秒以内的短时记忆中，一般人平均只能记下7个项目（如7位数字、7个地名、7个品牌名）。例如当你看到一个手机号码，大多数第一时间记不住，必须先默念几遍才能顺利完成拨号。如果让你在最短的时间说出7个牙膏品牌，通常你能流畅地说出前面几个，如佳洁士、高露洁、黑人等，但后面几个你总要花一点时间想一想。

因此，如果你的业务做不到细分市场的前七名，那么别想做多元化。

为什么宝洁多元化能成功？因为它推出的每个业务都做到了细

分市场领先：飘柔是"柔顺洗发水"第一名，海飞丝是"去屑洗发水"第一名，潘婷是"营养洗发水"第一名，沙宣则是"专业护发"第一名。

多元化是一个奢侈的游戏，企业在成长期实行多元化战略之前，必须回答三个"灵魂之问"：你现有的业务是否是细分市场的前七名？你计划进入的领域能做到细分市场的前七名吗？新业务所需要的资源（资金、人力、能力等），会影响现有业务的成长吗？

如果做不到，请别尝试，因为多元化的战车一旦开动，要么跃过悬崖，要么坠入深渊。

高速度诱惑

在20世纪90年代中后期，中国产业界诞生了一个全球独有的企业群体：央视标王。

在早期，央视标王风光无限，是当时新闻媒体关注的焦点，如1994年的标王孔府宴酒，1995年、1996年的标王秦池古酒，1997年的标王爱多VCD等。靠着央视广告，它们很快崛起，收获了巨大的成功，然而它们无一例外地快速陨落：2002年，孔府宴品牌被零元价格转让；1998年，秦池酒业因"勾兑门"走向没落，落得被拍卖的下场；2000年，爱多创始人胡志标因挪用资金、虚假注册资本等罪名身陷囹圄。

看起来，这些品牌倒下的理由各不相同，但其实它们具有一个非常明显的特点：成长失速。它们如同蒙眼狂飙的豪华跑车，在驾驶技术不过关、天气路况恶劣、刹车不受控制的情况下，仍然以 300 公里每小时的速度狂奔，最终的结果当然是车毁人亡。

美国的一项调查结果显示：60% 的成长型企业都是在企业达到历史最高销售额后的一年内倒闭的。专家的分析是，它们在快速增长的同时，同样陷入高速失控的风险。《专注》一书作者孙健耀曾总结了一条成长型企业高速失控的轨迹：

快速增长——信心增强——继续快速增长——信心膨胀——雇佣员工、建立库存以期望再一步的快速增长——"必须"继续快速增长以弥补新的营业性成本——公司"被迫"进入快速增长的旋涡——公司资源吃紧、员工能力耗尽、服务水平下降、产品质量下降、库存失去控制、销售人员报出不现实的折扣、新产品匆忙上市——销售突然大量下滑、员工军心涣散——巨大的现金流崩塌造成倒闭。

许多企业家在制定下一年目标时，总会参照过去的经验，比如过去几年公司每年保持着 100% 增长速度，那么接下来的一年也应在现有基础上实现翻番增长。

简单地看，这样制定目标似乎很合理，但实际上它并不科学。在创业初期，由于企业的体量较小，获得翻倍增长并不难，但当企业到了相当的体量，要实现翻倍增长就变得非常困难。企业要延续高增长，与行业领导者竞争，不能再靠一招制胜，而是要靠招招制胜；仅有一个长板还不行，必须确保每块板都是长板。

高速增长是有极限的，大到国家，小到个人，皆是如此。中国经济经过四十多年的高速增长，如今进入到高质量发展的阶段；尽管发展速度逐渐慢了下来，但产业结构更加合理，生产效率不断提升，产品品质越来越高。国家尚且如此，企业更应如此。

企业生命周期是一条变化的曲线。在初创时期，向上的曲线最为陡峭；在成长时期，曲线渐渐平缓，到达顶点之后，曲线开始往下走，企业开始步入成熟期。这是专家学者研究了数以万计的中外企业之后得出的一个普遍规律，获得了广泛的认可。创业者不能违背规律，否则就会付出代价。

在"从1到10"的成长期，要非常理性地看待速度与规模。在中国，有相当一批企业因为偶然因素，创造了一夜暴富的奇迹，取得了不可思议的成功。这样的经历，会让企业陷入高速度的认知误区。他们想当然地认为自己抓住了风口，趁着红利仍在，要顺势追击。但千万不要忘了，再强的风口也不过两三年时间。一阵风过去后，你会发现遍地都是跌落在地的猪。

新世纪初，互联网产业仍处在萌芽期，遍地都是机会。在电商这个细分市场上，布局早于阿里的，大有人在。在B2B，成立于1992年的慧聪网远早于1999年成立的阿里；在B2C，成立于2000年的卓越网早于2003年的淘宝。按理来说，这些先知先觉的人都抓住了先机，但最后分别败给了阿里、淘宝。

人不能两次踏进同一条河流。最早抓住机遇的人，并不代表能抓住第二次机会，更不能代表能永远抓住机会。遍地都是机遇，机遇时刻都在。再成功的企业家也会一次又一次地错过。柳传志错过了BAT，李泽楷错过了腾讯，雷军错过了阿里巴巴，但这不能证明他们不成功。

因此，在面对第二次增长机遇时，企业家更应该冷静下来思考：

抓住它，企业要匹配什么样的能力，付出什么样的代价。

创业需要冒险精神，但企业经营是一场马拉松，不是比谁走得快，而是比谁走得远。在高速成长阶段，更需要理性思考、反复权衡，充分做好各项准备，使成长速度与企业能力相匹配。

著名经济学家米尔顿·弗里德曼说过一句名言：我们没有增长的迫切需要，我们有的是增长的迫切欲望。无穷尽的高速成长的欲望，让很多企业走上歧途。企业最终要为客户创造价值，企业的所有行为应围绕这一目标而展开。只要做正确的事，正确地做事，增长是一件自然而然的事。不能因果倒置，否则就会陷入为了速度而增长、为了赶超他人而增长的深坑。

思考题

定位理论所倡导的专业、聚焦，你觉得对吗？

你的企业是适合多元化，还是小而美？

你的企业是适合单一化发展，还是多元化扩张？

战略模型的扩张方式有多少种？

请结合本章的阅读感受，写出收获和行动改善、计划思路关键词：

1

2

3

4

发送阅读思考作业给作者，获得咨询问答和互动。

第四章
成功的陷阱

股神巴菲特有一句名言："当潮水退去的时候，才知道谁在裸泳。"连续三年的新冠疫情对全球经济造成了巨大的冲击，让周期性衰退如灰犀牛般降临。大潮退去，很多人意外地发现，许多世界级的大公司正在裸泳。

2020年8月，疫情暴发数月，美国就有45家资产超10亿美元的企业破产：美国最大的租车公司之一赫兹申请破产，美国最大的连锁百货商店之一JCPenney宣布破产后被收购，马斯克SpaceX卫星公司的最大竞争对手OneWeb宣布破产并进行债务重组，世界上最大万圣节用品生产商Rubie's申请破产，世界排名前三的钻井承包商Diamond Offshore申请破产，全球最大的保健品公司之一GNC申请破产，拥有1200家必胜客门店、美国最大餐厅加盟商之一NPC International申请破产保护，等等。

这些"最字头"的公司可不是寻常的公司，它们都符合"数一数二"原则，属于所在行业里的明星企业。人们以为这些大公司最能经受疫情考验，但没有料到它们竟如此脆弱。如果把它们和近年来倒下的世界级企业如安然、施乐、安达信、宝丽来、柯达、诺基亚、雷曼兄弟、通用汽车等放在一起分析，你会发现它们有一个共性：打败它们的不是外部因素，而是内部原因。

人们在失败时，往往会找出很多的借口，诸如疫情冲击、经济低迷、市场动荡、竞争加剧、融资艰难等外部因素，但事实上，这些不可控的外部因素只是一个导火索而已，在此之前，这些企业早已成为高危的火药桶。

正所谓生于忧患，死于安乐。和那些努力向上攀登的成长型公司相比，大企业的决策者更容易犯错。根据企业成长曲线，大企业通常处于成熟期阶段，到达顶点之后缓慢下降。在经历了长期的成功之后，企业家很容易陷入到成功的陷阱里，做出极端的决策，或极端保守、故步自封，或极端冒险、四处出击，最终让企业掉进深渊。

人在猝死之前，总会有预兆。企业也是一样，这些曾经的明星公司不会无缘无故地倒下，它们在倒下之前一定会有许多难以察觉的征兆，只不过没有引起决策者的重视罢了。当局者迷，在决策者看来，企业不过偶染小恙，但实际上是病入骨髓。我们分析了大量一夜之间倒掉的国内外大公司，总结了四个征兆。如果你的企业有这些征兆，就要非常小心。

被漠视的产业变革

互联网预言家蒂姆·奥莱利在《未来地图》一书中写道："在商业和技术中，我们常常不能清楚地看见我们前面的路，因为我们仍然用旧的地图甚至是错误的地图来导航——在这些地图上，我们所处环境的细节，要么被遗漏，要么被刻意扭曲！"在商业大变局的时代，拿着旧地图很难找到新大陆。

过去的三年，中国企业普遍遇到了巨大的困难和挑战，对许多企业来说更是生死考验。突如其来的疫情，叠加动荡的世界局势、严峻的宏观环境，对企业的影响力度之大、持续时间之长超出预期。当疫情的阴影逐渐消散，企业该如何再次起航？

2020年3月，汤臣倍健董事长梁允超给投资者写了一封主题为《拿着旧地图永远找不到新大陆》的信。他在信中说："我们应该基于旧的地图做出新的判断，用新的认知找到新的增长机会。一味依赖过去的认知，我们走不到未来。"他在信中强调，拿着旧地图永远找不到新大陆。"行业发生非连续性变化的时候，对认知的挑战就变得非常大。这种认知挑战决定了未来会走到哪里，我们怎么看待行业的终极，等等。"

这是个多变的时代。新技术应用、零售环境在变，渠道及场景在变，政策、监管在变，消费分级下的用户更在变。梁允超认为，创新求变的基因是汤臣倍健最重大的核变力，"动荡时代，动荡本身不可怕，可怕的是延续过去的逻辑"。

市场竞争瞬息万变，如何在变化中找到新地图？如何用创新找到新大陆？无论企业规模大小，都面临着类似的考验。华为面临着芯片断供的考验，阿里面临着拼多多的考验，微信面临着抖音的考验，谷歌面临着 ChatGPT 的考验，大众汽车面临特斯拉的考验。这些考验如影随形，丝毫不能懈怠。

作为一个大型企业的掌门人，对产业大势要时刻保持高度关注，并且要有敏锐的洞察力。尤其是在产业大变局的关键时刻，每一个细微的变化都会给竞争格局带来颠覆性的影响。很多大公司一夜倒掉，就是忽视了对产业大势的洞察。

在苹果 iPhone 诞生之前，日本本土手机品牌在运营商的支持下获得了巨大的成功。把持着手机生态系统的运营商，掌握着手机品牌的生杀大权。品牌方按照运营商的想法定制手机功能，依靠运营商的营销网络销售手机，同时失去了在研发、销售两端的完全控制权。

尽管日本本土手机的功能非常齐全，外观设计也极为漂亮，但在运营商提供的温床里，日本本土手机品牌开始逐渐丧失了创新能力，失去了对产业大势的判断力。当年的日本本土手机品牌，无论是夏普、索尼爱立信，还是松下，每一个都是享誉全球的知名品牌，但它们无一例外地躺在温床上享受着运营商所带来的红利，对山雨欲来的触摸屏智能手机趋势选择视而不见。

后面的故事大家都应该猜到了。自从苹果 iPhone 登陆日本之后，以摧枯拉朽之势打败了日本本土手机品牌。2022 年在日本热销的前十名手机机型中，有八席被 iPhone 13、14、12、SE 等系列机型占据，另外一席为谷歌 Pixel 6A 5G，日本本土品牌仅存一枚硕果——夏普 Aquos Wish 2 5G，而且仅排名第七。日本拥有全球先进的屏幕制造技术，在芯片技术上也是全球领先，但却差点被苹果 iPhone 团灭，这样的教训不可谓不惨痛。

面对同样的产业变局，华为手机却走了一条完全不同的路。2011 年，苹果、三星的快速崛起，让华为意识到，运营商定制机没有未来，做功能机更没有未来。这一年，华为开始大力发展消费者业务，并立志成为全球高端手机品牌。当时，在手机通信行业，从 B2B 品牌转做 B2C 品牌还没有成功的先例。华为不仅要从 B2B 转型为 B2C，而且要从低端到高端跃迁，挑战难度之大显而易见。

不管前路有多艰难，要做出多大牺牲，既然认定产业变局的大方向，就应该毫不犹豫、义无反顾地执行到底。2012 年华为砍掉了整整 3000 万部功能机，到 2013 年更是砍掉了 80% 的运营商定制手机。这番壮士断腕的举动，被业内人士称为"自断生路"；手机业务负责人余承东也数次面临下台的压力。与其在"温水煮青蛙"中死去，不如一往无前、向死而生。2020 年 4 月，华为手机在全球智能手机出货量中占的份额超过三星，跃居全球第一。这一成绩是在新冠疫情暴发、美国无理打压的背景之下创造出来的，尤为难能可贵。

不同的选择，决定了不同的命运。面对急速变化的行业大势，索尼爱立信选择躺平，诺基亚选择相背而行，而华为则通过顺应大势、快速反应而获得重生。

2011 年，光伏巨头无锡尚德大幅举债、扩张产能。后来随着欧美国家对华光伏产业"双反"，无锡尚德现金流紧缺，面临极大的偿债压力，最终巨亏 10.07 亿美元，走上破产的道路。无锡尚德创始人、曾经的中国首富施正荣，败光 186 亿元之后，黯然出走澳大利亚，一代传奇落幕。

2018 年，国家调整新能源汽车补贴政策，工况续航里程在 150 公里以下的电动车不再享受补贴。新能源电池巨头沃特玛未能洞悉这一趋势，不仅没有及时转型至新兴的三元电池，反而大举扩张老旧的磷酸铁锂电池生产线，导致相当比重的电池达不到能量密度要求，销路直接被阻断，企业最终崩盘。

随着技术的日新月异，产业革新的速度不断加快。如果不予以充分重视，很快就会付出惨痛代价，即便企业体量再大，也难逃衰败的命运。

不断改变的战略

三星传奇会长李健熙有一句名言："除了老婆孩子，一切都要变。"诺基亚、柯达、施乐等失败案例，也说明了顺应时代变化何其重要。但是，同样也有无数的失败案例证明，不断改变战略，也会将企业带入险境。

对一个企业来说，变革创新与战略稳定同样重要。两者看似矛盾，实则统一。在动态发展中保持恰当的平衡，正是管理艺术的魅力所在。

著名管理学家亨利·明茨伯格认为："制定战略的一个根本性困境，是让稳定与变革结合起来——一只手关注成果，维持运作效率；另一只手根据不断变化的外部环境，不断对现状做出调整。"他曾经做过大量关于企业稳定期与变化期的调查，发现成功的企业有一个共性：进行重大战略转向的时候少之又少。

例如大众汽车，从 1940 年到 1970 年之间的 30 年里，只做过一次战略转向：从传统的甲壳虫汽车转为豪华轿车奥迪；加拿大航空公司在创立 40 年里没有进行任何战略调整。

在岁月的长河里，市场环境总是会发生巨大变化，但在多数情况下，这些变化与企业的战略并不背离。尤其是大企业，它们获得巨大的成功，不是因为重大的战略变革，而是长期的战略稳定。为了适应市场的变化，它们会在原有战略基础上进行升级迭代，而不是推倒重来。

世界变化，有时缓慢，偶尔剧烈。当产业发生急剧变化时，企业战略的稳定性将受到极大影响，企业家会陷入巨大的"变革创新"焦虑中。再动荡的市场变化、再激烈的变革创新，本质上都是在为寻找下一个稳定期做准备。所谓"不破不立"，破只是手段，立才是目的。如果说变革创新是"破"，那么战略稳定是"立"。产品技术迭代，商业模式重构，组织架构调整，其实都是为了让企业快速切换到新的稳定期，为下一个阶段的长期增长蓄力。

　　世界上成功的大企业，很少战略转向。可口可乐的战略从未发生偏离，一瓶可乐卖百年；几十年来，麦当劳做"西式快餐"的战略从未转向，餐厅分布全球；星巴克做"即饮咖啡连锁"的大战略从未改变；爱马仕做奢侈品的战略没有变化；格力做空调的大战略一直没有变化；红旗造国产豪华车的战略一直未改。

　　保持战略定力，是企业做大的前提。有人曾提出这样的假设：如果爱马仕降价销售，它的市值很有可能超过苹果，成为世界第一。但是如果降价，意味着爱马仕放弃了两百年来一直坚守的战略，这样一来，支撑其价值的基础就会坍塌。这样的世界第一，能持续多久呢？不能持续发展的战略，对爱马仕来讲，又有什么意义呢？因此，明茨伯格明确地指出：战略缺乏稳定性，意味着没有战略。没有战略的企业是没有明天的，无论它的规模有多大，实力有多强。

　　在技术日新月异的行业里，企业为了抓住机遇、保持领先，需要不断地变革创新；但在进行激烈动荡的变革之后，也需要快速稳定下来，在动荡中找到规律，建立秩序。

　　在快速变化的互联网行业，我们会经常在媒体上看到互联网大厂的变革消息，调整非常频繁。但如果仔细研究它们背后的战略，却非常稳定。阿里巴巴做了很多的战略布局、变革创新，但其核心战略依然是电商；同样腾讯也是，其社交娱乐的核心战略，二十年来一直未变；百度一直到现在仍然坚持着搜索战略。

　　处在随时发生变化的行业里，这些互联网巨头时刻感到危机重重，四处投资布局，但在核心战略上，从未有丝毫的犹疑。技术迭代，企业升级，但战略的底层逻辑没有变。例如，百度将搜索战略，升级为人工智能战略，延续的是"让机器更懂人类"的底层逻辑。

成功的企业，通常会找到一套平衡变革与稳定的模式与机制，自如地在两者之间切换。明茨伯格指出："很多战略失败的企业，要么把两者混到了一起，要么是舍此求彼，过分强调其中之一。"

面对复杂的市场环境，很多企业家会无所适从，为了缓解内心的恐慌与焦虑，于是不断尝试各种新业务。美其名曰"生命不息，折腾不止"，但实际上是"战略失衡，业务失焦"。当权宜之计压倒一切，就会让整个组织陷入到一种无序的状态：抢占新风口，追赶新潮流，制定新战略，尝试新业务，招聘新员工……

企业家的初衷是美好的：万一新培育的小苗苗，长成参天大树呢？理想很美好，现实却很骨感。这种病急乱投医的行为，破坏了战略的长期稳定性，只会让企业陷入到吉姆·柯林斯所说的"厄运循环"（Doom Loop）里。

很多企业家总是在变，头脑中经常源源不断地冒出很多新点子，而且还特别愿意冒险尝试。永远开疆拓土，从不囤粮筑墙，结果就像猴子掰玉米一样，掰一个丢一个，既破坏了战略的稳定性，影响了组织的效率，又消耗了宝贵的资金与大量的精力，更无法建立核心竞争力，实在是得不偿失。

改变战略，非常危险。企业的战略可以转型升级，但不能转向，更不可以转行，否则将会付出巨大的代价。

被低估的现金流

罗永浩"真还传"引发热议后，曾在《脱口秀大会》上自嘲：如果你欠银行100块，那是你的烦恼；如果你欠银行1个亿，那是银行的烦恼。

很多企业家像罗永浩所描述的那样，对钱生钱的投资非常迷恋，想当然地认为只要企业上了规模，银行就会源源不断地送来低息贷款，银行承担了借贷的风险。在这种错误的认知下，他们拼命贷款冒险发展新业务，等到资金问题如滚雪球一样越滚越大之后，导致企业无力还债，业务瞬间崩盘。

资金是企业的血液，如果企业没有造血能力，就像一个人没有了血液，无法正常运转。资金链的稳定是企业运营的基础，这要求企业具有强大的盈利能力、高效的现金周转能力以及一定的融资能力。

对于投资，段永平有三条著名的原则：不做空，不借钱，不做不懂的东西。其中，后两条原则尤为重要。段永平有着辉煌的创业史，大家耳熟能详的小霸王学习机、步步高、OPPO手机、vivo手机、拼多多等品牌都跟他有紧密的关系。

更值得称道的是，他被称为是"中国的巴菲特"，他重仓投资的几家企业如苹果、茅台、腾讯、网易、拼多多等，带给他百倍以上的投资回报。这些看似简单的原则，是段永平踩了很多坑，花了几十年时间总结出来的商业规律。这些原则与股神巴菲特的价值投资理念一脉相承，在数十年的时间里被验证是切实可行的，而且是卓有成效的。然而，绝大多数企业家对此不以为然。

段永平认为，很多企业家一生只能富一次，言外之意，是他们在跌倒之后很难再爬起来。理由是他们在投资中不惜大肆举债，不断加杠杆，最后被不断滚动的债务与银行利息压垮，在烈火炙烤中心态崩坏，丧失了东山再起所必须具备的精气神。

在段永平眼中，史玉柱是少有的富过两次的人。"富了第一次后胆大包天，富了第二次后胆小如鼠。"在第一次富了之后，史玉柱心比天高，不惜大幅举债建摩天大楼，最后资金链断裂，企业遭破产清算。史玉柱通过脑白金、黄金搭档第二次富了之后，痛定思痛，不再举债投资超出能力与认知范围之外的项目。在跨界进军网游之前，史玉柱首先把自己变成骨灰级玩家，搞清楚网游的底层逻辑之后，才开始慢慢布局。此后，史玉柱再也没有犯第一次创业的错误，重新出发的巨人集团走的每一步都稳健有力。

股神巴菲特说："如果我要写本书的话，书名就叫《为什么聪明人净干蠢事》。我的合伙人（芒格）说那本书就是他的自传。"在20世纪70年代，巴菲特的合伙人芒格在投资中加大杠杆，试图获取暴利，然而事与愿违，芒格将一大半身家都亏没了，差点一蹶不振。痛定思痛后，芒格总结出了一条宝贵的经验：不加杠杆。他认为，聪明的、有能力的人迟早会赚到大钱，无非早一点晚一点、赚多赚少的问题；可是一旦加了杠杆，就会让自己心态失衡，一叶障目，无法看清事物的真相，从而犯下致命的错误。

不借钱、不加杠杆，本质上是一个现金流的问题。让现金流时刻保持充裕、让资金链时刻良性运转，可以说一条铁律。很多优秀的公司，宁可牺牲利润，也要确保现金流充裕。例如亚马逊、淘宝、京东、拼多多等电商巨头，虽然在早期发展过程中经历了长时间的亏损，但仍旧受到风投资本的青睐，企业估值也一路上涨。其中，最关键的原因就是良好的现金流。

段永平重仓投资苹果、茅台、腾讯、网易、拼多多，这些企业都有一个共性：现金流非常好，没有资金链的问题。2016 年，他在答投资者问中提到，"多数企业最后都死在资金链断裂上"，因此，"我们公司是基本没有贷款的，虽然很久以前银行就给了我们不少额度"。

缺钱，是企业经营中的常态，小企业缺小钱，大企业缺大钱。对银行送上门的低息贷款，大多数企业家欢迎都来不及，可是为什么段永平却视而不见？他的底层逻辑到底是什么？段永平是股神巴菲特的忠实信徒，也许我们可以从巴菲特在 1990 年给伯克希尔·哈撒韦股东的信中得到答案。巴菲特在信中这样写道：

"我们被告知，大量的债务会让经营管理者比以往更加努力专注，就像在汽车的方向盘上装上一把匕首会让驾驶员异常小心地驾驶。我们承认，这种让人集中注意力的方式会造就一个非常警惕的驾驶员。但另外一个肯定的后果则是，一旦汽车碰上即使是最小的小坑或者一点冰，将导致一场致命而且不必要的事故。"

诚然，没钱，企业一天也经营不下去。企业有多种形式来获得现金流，如企业净利润、银行贷款、短期融资、过桥贷款、股权质押、民间借贷、延长还款账期、外部融资与接受并购等，虽然保持合理的负债，可以获得宝贵的发展资金，但前提是不能超出自己的承受能力。

在房地产行业，有三道不可突破的红线：剔除预收款后的资产负债率不能超过70%；净负债率不能超过100%；现金短债比率不能小于1。如果房企的相关财务指标超过了这三道红线，监管部门会收紧融资。

根据2019年年报，地产行业几大龙头中，碧桂园、万科、恒大、融创的净负债率分别为46.3%、33.9%、159.3%、176.4%。当宏观政策收紧时，最先陷入困境的就是净负债率过高的房企。2021年，恒大债务爆雷，就是因为其触碰了三道红线。这一事件不仅对我国的房地产产业造成重大冲击，也对中国经济也产生了一定的影响。深陷债务危机后，恒大寄予厚望、重金投入的新能源汽车也受到拖累，处于不温不火的状态。

在汽车行业，同样有一条警戒线：资产负债率高于70%，企业就会存在资金链断裂的巨大风险。如果越过这条警戒线，就会引起多米诺骨牌效应。

2019年，众泰汽车资产负债率高达78.19%，随后出现了一系列连锁反应。首先是多家上游供应商停止为其提供产品，并发起诉讼追讨6.21亿元欠款；由于供应链出现重大问题，存货周期天数从77.56天上升至220.58天，应收账款周转天数从134.41天上升至663.65天；随着企业收入缩减，资金持续萎缩，众泰汽车在2019年、2020年、2021年分别造成111.9亿元、108亿元、7.05亿元的亏损，企业陷入恶性循环。虽然在2022年获得60亿元融资，经营情况有所好转，但其负债率仍超过 60%，情势仍不容乐观。

现金流一旦断掉，再大的企业也会破产。例如，世界金融巨头雷曼兄弟公司，资产规模高达 7000 亿美元，然而负债高达 6750 亿元，当次贷危机到来，雷曼兄弟公司难逃破产厄运，成为美国历史上倒闭的最大金融公司。

世界上历史最悠久的旅游公司托马斯·库克集团，资产负债率高达126.76%，严重资不抵债，由于与银行就一周内筹集 2 亿英镑承销资金未能达成一致，导致破产。

曾为中国民营企业第二位的明星企业海航集团，由于盲目多元化、大幅举债并购，2022 年资产负债率连续多月超过 100%，年度亏损达200 亿元，如今，七大产业板块已经缩减到了两个——航空、物流。玩了一回心跳之后，又回到了老路上，但发展势头早已今非昔比。

无论企业规模有多大，如果不从根本上解决现金流、盈利状况，无论是融资贷款、推迟应付账款、裁员、关闭业务，都不能改变企业衰亡的命运。这就是漠视现金流所付出的惨痛代价。

日渐失灵的价格战

一个行业翻天覆地洗牌，通常跟两个因素有关：一是出现颠覆性技术，二是行业龙头发起价格战。价格战是行业龙头巩固市场地位的大杀器，一旦价格战开打，会给行业带来剧烈震荡，甚至带来行业大洗牌。当年，微波炉行业竞争激烈，格兰仕发起残酷的价格战，成就微波炉大王的美誉；美团在"千团大战"中通过疯狂补贴胜出，最后一统江湖。

一些企业经历"从10到100"的蜕变之后，逐渐掌握了行业话语权，建立了规模优势、成本优势、品牌优势，成为行业内举足轻重的力量。

为了抢占市场份额，它们不惜发起价格战，以"杀敌一千，自损八百"的方式对行业进行清洗。这个过程既残酷，又惊心动魄，很多中小企业在价格战中沦为炮灰，不复存在。然而，价格战是把双刃剑。价格战一旦开打，就会陷入其中，很难轻易脱身。

说起价格战，不得不提到长虹彩电。中国的价格战是从彩电业开始的，彩电业的价格战是由四川长虹发起的。

1997年，通过发起三次价格战，长虹进入鼎盛时期，净利润高达26亿元。然而亮眼的财报背后，却是77.06亿元的存货，数额巨大的存货是长虹梦魇的开始。为了消化库存，长虹不得不多次降价，结果只见价格降、不见销量增。2001年，长虹净利润不足1亿元，相较于鼎盛时期，堪称惨不忍睹。此后的二十多年，长虹一直未能走出价格战的阴影。如今，在彩电市场上，长虹早已三甲不入，成为名副其实的边缘人。

某种程度上，价格战是行业巨头竞争博弈的选择；价格战演化到最后，就会陷入"囚徒困境"。

"囚徒困境"博弈是纳什非合作博弈的著名案例。警察抓住了两个嫌疑人，为防止他们结成攻守同盟，警察分别跟他们讲清利害：如有一人坦白认罪将被立即释放，而另一人将重判8年徒刑；如果两个人都坦白认罪，则他们将被各判5年监禁。当然若两人都拒不认罪，因证据不足，会被以较轻的妨碍公务罪而各判1年徒刑。

两个嫌疑人都知晓其中的利害关系，但不知道对方的选择。在这场博弈中，两个嫌疑人会根据对方的最佳选择，来做决定。显然，坦白是对方的最佳选择。最终，两个嫌疑人都选择了坦白。

当年彩电行业、VCD行业、燃气灶行业在发起血腥价格战的前夜，行业的寡头都曾订立过"价格同盟"，然而它们无一例外地陷入"囚徒困境"之中。订立同盟的各方都担心如果自己遵守规则，会被对手突袭，从而侵占自己的市场份额。

亚当·斯密的理论告诉我们，每一个人都是从利己的目的出发。各同盟方如果都觉得选择降价是最优解，那么必然爆发价格战。虽然大部分同盟方会遵守规则，但总有少数人受不了诱惑，率先背信弃义，发动进攻。这样的"价格同盟"形同虚设，所有人最后都不可避免地被卷进价格战的旋涡。

更为可怕的是，如果率先发起价格战的企业获得了巨大的收益，那么价格战将会一轮一轮地持续下去，直到没有降价的空间为止。这就到了危机爆发的边缘，库存高居不下，研发捉襟见肘。更重要的是，持续多轮的价格战会持续削弱品牌的价值感，从而在消费者心目中留下"低端品牌"的固有印象。

在行业粗放式发展阶段早期，时代红利带动行业快速发展，价格战屡屡奏效：只要打出"降价"牌，消费者就会趋之若鹜；只要大品牌降价，就会引发销售热潮。价格战让厂商收获颇丰，但也让厂商形成了依赖性，久而久之，厂商们把价格战看作一种常规手段，动不动就拿出来使用，并对其寄予厚望，仿佛可以解决一切问题。

然而，在商品饱和过剩的今天，降价促销的效果越来越差，很难得到消费者积极的反馈，就好像一拳打在了棉花上。过去屡试不爽的价格战，似乎日渐失灵了，这是为什么？

其实，不是价格战彻底失效了，而是消费环境发生了改变。四十多年来，人们的收入水平大幅提高，消费水平也相应提升，消费行为更加理性，对产品也更加挑剔。传统价格战"清仓甩卖"的便宜产品，已经很难吸引消费者。他们在购买产品过程中，会综合考虑价格、功能、技术、设计、环保等要素，低价不再是驱动消费者购买的唯一要素。尤其在购买技术含量高的产品时，价格的重要性更低。

在消费升级的今天，价格战陷入新的囚徒困境之中。它如同潘多拉的魔盒，一旦打开，就会带来无穷无尽的噩梦。对大公司来说，保持性价比的优势是有必要的，但是发动自杀式的价格战，首先摧毁的是自己，而不是别人。现在是价值战的时代，单纯靠价格战百战不殆的好日子，一去不复返了。

疫情防控期间，很多朋友问我们：企业过得很艰难，老百姓手上都没钱了，为了提高销量，我们要不要降价？

我们的回答很坚定：不要！太多的失败案例告诉我们，降价竞争很容易陷入"囚徒困境"之中，对手的降价行动会逼迫你进行一轮又一轮的降价。在这种无止境的消耗之中，企业很快就会陷入危机之中。更何况，价格战是一个很奢侈的游戏，只有行业巨头才能做，而且价格战到最后，耗死了别人，耗空了自己。

经营之神稻盛和夫曾说这样一句话：定价是决定经营生死成败的关键。他认为，经营者必须正确估算公司的产品价值，并在此基础上找到销售量与利润率乘积最大的那个点，而且那个点对应的价格就是客户乐于接受的价格。

价格是企业的生命线，正确定价并不容易，降价更不容易。在降价之前，一定要明白一个基础逻辑：一个产品如果减量20%，企业利润可能会下降15%；而如果降价5%，利润则会下降60%。

企业必须客观评估，降价之后要增加多少销量，才能达到原来的利润值，如果达不到，就是自杀行为。在经济危机期间，整体市场都在萎缩，大降价并不一定会带来销量的大幅提升，反而会使企业雪上加霜，加速危机爆发。面对这样的情况，西方大企业通常采取的措施是减产保价，而不是增量降价。

纵观世界500强企业，靠低价取胜的企业少之又少，只有沃尔玛、宜家家居、阿尔迪超市等屈指可数的几家。持续靠低价领先，必须具有庞大的规模体量，强大的议价权，科学的管理系统，以及充沛的现金流。从管理中抠铜板、从供应链中要效益，难度更高，挑战更大，绝大部分企业很难做到。

如果深入研究产业规律，你会发现一个有趣的现象：许多行业龙头都是高端品牌，如白酒行业里的茅台，手机行业里的苹果，空调行业里的格力，厨电行业里的方太，汽车行业里的奔驰，新能源汽车里的特斯拉，调味品行业的海天等。人们常说，物美价廉，才能畅销旺销。但上述品牌，物虽美但价不廉，为什么能成为当之无愧的行业之王？原因只有一条：它们摆脱了低端竞争。

因此，不要老想着用价格战来清洗对手，达到抢占市场份额的目的，而是通过价值战来提升自己，在消费升级中拔得头筹、赢得消费者青睐。同时，在技术、产品升级的过程中，找到销量与价格之间的最佳平衡点，如此，才能彻底摆脱"价格战依赖症"，成长为引领行业的巨人。

思考题

行业大变革已经来临，你是否仍停留在原地？

对于"迎接变化是一种决策习惯"，你是如何理解的？

什么样的行业可以尝试选择用价格制胜？什么样的行业不适合价格战？

请结合本章的阅读感受，写出收获和行动改善、计划思路关键词：

1

2

3

4

5

发送阅读思考作业给作者，获得咨询问答和互动。

第五章
隐形的对手

降维打击的二向箔

在刘慈欣的科幻小说《三体》中有一个令人印象深刻、血脉偾张的降维打击场景：当地球和三体星的坐标都暴露在宇宙中时，歌者文明用二向箔将太阳系由三维空间降至二维空间，整个太阳系文明烟消云散。降维打击的核心，在于运用高维度思维，找到竞争对手一击致命的维度，将对手的竞争力降为零。如果用一句通俗的话来形容降维打击，那就是"我消灭你，但与你无关"。

无论处在什么阶段，企业随时随地都面临着竞争，而最可怕的竞争，莫过于降维打击。降维打击不同于传统攻击，它直接从根本上颠覆了一个领域，被攻击的对象几乎没有还击的可能。它所带来的后果，几乎是毁灭性的。

每一次技术革命，都是一次降维打击。蒸汽机革命，让人类告别了低效的手工劳动；电力革命，让人类告别黑暗；信息革命，让人类告别了人工计算。伴随着技术革命的到来，旧秩序被打破，新秩序被重构。正如汽车诞生，颠覆了马车；电灯诞生，颠覆了油灯；计算机诞生，代替了算盘。科技的发展推动商业社会进步，同时也淘汰了落后的生产力。

汽车、电灯、计算机，就是降维打击的二向箔。在科技领域，这种降维打击在商业世界里几乎每时每刻都在发生着。当新的技术革命席卷而来，将会对低端技术行业的每个企业产生碾压式的打击。无论是多大规模的企业，都无法幸免。

2022 年底，互联网行业最火爆的事件，莫过于 ChatGPT 的诞生。这款 AI 聊天机器人上线 5 天就收获了 100 万用户，仅两个月，它的月活用户就突破了 1 亿，成为史上用户增长速度最快的消费级应用程序。微软创始人比尔·盖茨盛赞 ChatGPT，称其不亚于互联网的诞生；特斯拉创始人埃隆·马斯克惊叹，ChatGPT 好得吓人。

最早的时候，谷歌对 ChatGPT 不屑一顾，但很快谷歌 CEO 桑达尔·皮查伊在内部发布"红色警报"，并将已经退出管理岗位的两位创始人拉里·佩奇、谢尔盖·布林请到公司共商大计。在谷歌高层看来，ChatGPT 就是一个二向箔，它将对称霸互联网世界二十多年的搜索引擎造成巨大的业绩压力。

越来越多的互联网专家认为，这个无所不知、极其精准、具有超级学习能力与进化能力的 AI 机器人，正在对传统的互联网势力进行降维打击。ChatGPT 掀起的 AI 革命，将影响整个互联网的格局。

人们使用搜索引擎，需要从众多搜索结果中进行二次点击以查看不同的网页，这会浪费大量的时间，而 ChatGPT 直接抽掉了"二次点击查看"的维度，直接将人们想要知道的答案推送到他们面前，而且无比准确、无比精练，节约了人们的大量时间。

很多人甚至惊叹，ChatGPT 将使不计其数的程序员、软件工程师、数据分析师、广告文案、记者、律师、市场分析师、教师、股票操盘手、会计师、平面设计师、客服失业。准确地说，那些具有标准答案、不具备创造性的工作，都有可能被 ChatGPT 所替代。

想象一下，这样的二向箔是多么可怕？

在过去二十年里，类似的降维打击发生在电商与实体门店之间。对实体门店来说，要想获得最佳的人流量，就不得不选择闹市区的旺铺，而这种旺铺的租金极高，极大地提高了成本。电商抽掉了"门店选址"这一维度，直接从互联网上获取客流量，将生意的边界扩展到全世界，从而实现了对实体门店的降维打击。

在商业世界里，有些降维打击是猝不及防的，有些降维打击是缓慢降临的。20 世纪末期，VCD 行业非常火爆，曾一度诞生了爱多、步步高这样的央视标王。然而，随着互联网的到来及在线视频网站的兴起，VCD 播放机行业烟消云散，遍布街头小巷的 VCD 碟片租赁行业也随之消失不见。

如果说 VCD 产业链被降维打击是猛烈而具有毁灭性的，那么外卖行业对方便面行业的降维打击则较为温和。

2016 年至 2018 年间，以美团、饿了么为代表的外卖平台快速崛起。

相较于方便面的速食优势，外卖同样省去了做饭的时间，而且大大丰富了食物的多样性，更重要的是解决了消费者对方便食品的"健康"顾虑。那段时间，方便食品市场规模从 4063.69 亿元逐年至 2959.7 亿元。

外卖行业的崛起，不是为了消灭方便面行业，其最开始的目的，是为了取代电话订餐，但没想到对方便面行业造成了降维打击，可谓印证了"我消灭你，但与你无关"。

近两年，随着人们消费习惯的改变，不愿做饭的人越来越多，方便食品市场逐渐回暖，尤其是在预制菜快速崛起的背景下，方便食品行业市场规模有望突破 5300 亿元。

某种程度上，一切具有可替代性的产品与服务，都是降维打击的对象。降维打击所带来的毁灭程度，跟替代程度息息相关。如果 ChatGPT 能完全替代搜索引擎，那么打击就是毁灭性的；如果不能完全替代，那么搜索引擎仍然具有一定的价值。如果外卖不能完全替代方便食品，那么方便食品仍然具有相当大的生存空间。从需要角度看，只要某个行业能满足消费者特定的需求，它就不太可能被消灭。

因此，商业世界里的"降维打击"很难做到像《三体》里描述的那样，彻底消灭一个行业。例如，无论手机拍照功能多么强大，仍然有大量的摄影发烧友使用数码单反相机拍照；柯达胶片在个人消费领域全军覆没，但在医疗领域，其胶片技术仍然具有独特的价值。需求不灭，行业就不会灭。

随着跨界竞争日渐普遍，每个企业都处在多维的竞争中。如何避免降维打击，成为每个企业家思考的重要课题。

爱因斯坦说："我们面对的重大问题永远不能在产生问题本身的层次上被解决。"也就是说，我们要避免降维打击，就必须升维思考。正如某个十字路口，车辆拥堵不堪，寸步难行。那应该怎么办？那就要修立交桥，或者挖隧道，用三维空间来解决二维空间的问题。

升维思考，就是跳出盒子思考。很多时候，我们受制于自己的行业、认知、思维、眼界，处在自我设定的封闭盒子之中，看不清竞争情势的变化，看不到产业发展的趋势。这个时候，就要升级自己的思维，站在更高的层面拆解关键要素，寻找替代解决方案，找到新的突破口。当我们撑开思维的大伞，跳出盒子思考，就会激发无限的创造力。很多时候，企业家都很焦虑，是因为看不清、看不明，蒙眼前行，如临深渊。

升维思考的核心在于预测。小米创始人雷军第一次见猎豹移动的傅盛，见面第一句就问：怎样为三到五年做一个推断？后来，傅盛在做重大战略决策的时候，时常想到这一句话。

战术上的勤奋，无法掩盖战略上的懒惰。只有站在更高的维度，才能成功预测行业未来，才能正确制定今天的战略。只有把握了三到五年的走向，才能为今天的战略布局。试想一下：如果诺基亚成功预测智能手机的未来，还会被苹果秒杀吗？如果柯达意识到数码相机才是趋势，它会大规模开冲印店吗？如果谷歌成功预测 AI 对搜索引擎的冲击这么大，它会如此大意吗？

如何定义高维度？一是创造新市场。在新技术、新模式之下，所有生意都可以升级再做一次，关键在于找到破局点，例如，自嗨锅就找到了应对外卖行业的破局点。二是发现边缘市场。先做边缘细分市场的第一名，然后再利用领先优势，切入相关市场，再进入主流市场，例如，欧派做到了橱柜第一，再切入衣柜。

如果能够把方向想清楚，战略非常明确，剩下的就是"all in"❶了。很多企业家常把"all in"当作憋大招，这其实是一个误区。市场竞争是动态的，市场机会稍纵即逝，很多企业家为了憋大招，耗费了太多时间，进而错失良机，可谓起了个大早，赶了个晚集。谷歌很早就在做 AI 聊天机器人的研发，ChatGPT 正是在它的启发下开始的，但可惜的是被 ChatGPT 抢占了先机。一步慢，步步慢，如今，ChatGPT 大有替代谷歌之势。因此，憋大招很重要，但更重要的是小步快跑、迭代升级，这其实是一个动态调试战略精度的过程。

企业生存不易，不仅要抵御同行的竞争，还要时刻面临着跨界的高维竞争者。它们不来则已，一来就掀起惊涛骇浪。对低维市场的企业来说，应对的办法只有一条：那就是时刻保持升维思考，不断放大自己的核心优势，寻找新的突破口，调动所有资源全力以赴。除此之外，别无他法。

手持利刃的孤勇者

在行业里，总是有那么一群人，他们掌握着核心技术，尽管规模不大，但是在专精特新的路上飞速成长，他们是手持利刃的孤勇者。如果

---

❶ 原指押上全部筹码，引申为投入全部资源做某一件事。——编者注

你所在的行业有这样一群人，你要格外小心。

人类世界的伟大进步离不开每一次微小的创新。在技术繁荣的世界里，纳米级的企业将成为创新的主角，它们是推进产业革命的蚂蚁雄兵，将给行业带来巨大的影响。

很多企业家认为，技术对一些行业产生重大影响，主要集中在新一代信息技术、高端装备制造、新能源、新材料、生物医药等中高端产业，对传统产业的影响并不大。事实上，传统产业的每一次革命，都跟技术息息相关。

在传统的汽车行业，电池技术的发展，诞生了宁德时代这样的万亿级企业。在传统的美容化妆品行业，玻尿酸技术的发展，诞生了爱美客这样的千亿级企业。在传统的家电行业，扫地机器人的发展，诞生了科沃斯、石头科技这样的百亿级企业。每一次产业革命，都伴随着成批的企业倒下。

对于技术的认知，中国企业家会陷入两大误区里：

第一大误区是，"企业家不用懂技术，研发人员懂就行了"。持有这一观点的企业家，其实并没有意识到技术的重要性。他们会经常拿"马云不懂技术"作为例子来自我催眠。马云虽然不懂代码编程、开发技术，但他对技术未来的发展方向有着深刻的认知，懂得如何将技术与商业相结合。

第二大误区是："技术能给企业创造多大的效益？"企业家有如此之问，显然是把技术当成了成本与费用，而没有将它视为投资与资产。技术和品牌一样，是企业重要资产，需要时间沉淀与累积。天底下没有一步登天的技术，如果不从长远的角度来做布局，就会被未来所淘汰。

这两种认知误区，一个是技术漠视，一个是技术短视，都会将企业带入歧途。缺乏技术信仰与技术远见，无论企业家怎么制定战略，都会被自己设定的认知牢笼束缚，无法取得真正有价值的突破。技术研发是建立产品竞争力的关键要素，也是企业战略的重要组成部分，如果不加以重视，要么在错误的方向上奔跑，要么一直在原地打转。

有学者做过调查，早在 1984 年就有 84% 以上的企业表明自己或多或少地展开了技术创新工作，但一些自认为技术创新不错的企业，却令人意外地陷入困境。造成这一结局的根本原因在于对技术的认知出现了偏差。

不少企业认为做了技术改造、上了先进设备、推出了新项目、开发出了新产品，就以为是技术创新。诚然，一些新兴的科技型企业是通过这样的方式起家的，但这些手段不等同于技术创新。技术创新是一个动态、持续的过程，而不是仅着眼于当下。

随着科技不断进步，产品加速迭代。当下技术领先，并不代表一直领先。正确的做法是，建立动态的技术创新机制，形成"构思一代，研发一代，生产一代，销售一代"的机制，将创新产品推向市场的同时，做好后续产品的研发储备，让产品随着市场的变化而不断升级。

手持利刃的孤勇者，往往建立了一套严谨、科学、动态的技术创新机制，而且大多聚焦在某一个领域里。企业规模多大，与技术创新能力有多强并不构成逻辑关系。天眼查数据显示，2020 年我国小微企业相关知识产权申请数量占比达 74%，是当前高新技术创新发展中最活跃的群体。中小企业才是最积极的技术研发者和最开放的技术转移者。

面对掌握核心技术、快速崛起的孤勇者,企业应该怎么办?最佳的策略是,如果杀不死它,就全面拥抱它。

2020年,我国科技型中小企业、高新技术企业数量突破20万家,它们具有活力、有灵性、有韧性,有"敢为天下先"的特质。这样的隐形对手,可怕又可敬。全球化的到来,让产业链分工更加明确,产业内部逐渐形成彼此融合、良性竞争的生态链。抛开零和博弈的偏见,与它们进行长板与长板之间的配称合作、强链补链,是最佳的应对之道。

在汽车行业,宁德时代是中国车企值得尊敬的隐形对手。每一家有志于在新能源汽车领域一展拳脚的企业,都对它又怕又敬。在2022年7月份举办的世界动力电池大会上,广汽集团董事长曾庆洪在大会上吐槽:"动力电池占整车成本的40%~60%,且还在不断涨价,那我不是在给宁德时代打工?"

处在汽车产业的大变局时代,车企该如何正确处理与宁德时代的关系,考验着每个车企领导者的智慧。虽然曾庆洪对宁德时代吐槽,同时也在积极布局自研电池量产线,但广汽集团仍然保持着与宁德时代的良好合作关系。这种高度互补性的合作,虽然有竞争,但更多的是竞合。

手机行业与新能源汽车行业恰好相反,苹果在中国的代工厂只能赚取极其微薄的利润,绝大部分利润都被苹果所赚走。在手机核心零部件如芯片、屏幕等领域，上游供应商则具有绝对的话语权。在实力的较量与动态的发展中，竞合关系发生着微妙的变化，实现某种平衡。

2011年，宁德时代成立，专注于电动车、储能锂离子电池系统的研发与生产业务。此后一段时间里，宁德时代并没有在动力电池领域有所突破，但一个契机让宁德时代名声大噪。

彼时的宁德时代，毫无汽车行业经验，可以说一名门外汉。然而，宝马集团力排众议，选择与这个行业新兵合作。为了扶持宁德时代成长，宝马集团不仅派驻高级工程师入驻，而且提供了多达800页的动力电池生产标准。虽然装载宁德时代电池的宝马车型"之诺1E"销量并不理想，但宁德时代却因与宝马的合作而扶摇直上。

在随后的几年里，宁德时代与现代、福特、戴姆勒、大众、广汽、吉利、长城、理想、蔚来、特斯拉等知名汽车品牌建立了深度合作，市场占有率高达37%。短短十几年时间，宁德时代从隐形人成长为行业巨人，这就是技术的力量。

面对像宁德时代这样的隐形对手，几乎所有的新能源汽车品牌都张开了怀抱，哪怕条件苛刻、成本高昂，也不得不微笑握手。

和中国一样，在西方发达国家，最先进的生产力分散在那些高科技成长型企业中。几十人的公司，也许就能制造出航天飞机；不到百人的团队，就能研发出自动驾驶技术。这些专精特新的中小企业，利用它们在某一技术领域的长板，建立了自己的核心优势。

它们既是隐形对手，也是最佳伙伴，就像宁德时代之于车企一样。

它们不仅能够补齐企业在技术上的短板，而且能让企业在全生态竞争中更加强大。特斯拉正是因为采用了宁德时代研发的动力电池，使得制造成本一降再降，这让特斯拉拥有了巨大的降价空间。

2023 年初，特斯拉宣布旗下多款车型降价数万元，顿时新能源汽车市场一阵血雨腥风。如果没有宁德时代的助力，特斯拉的降幅没有如此之大。可以说，正是有了宁德时代做后盾，特斯拉才有了降价的底气。

法国哲学家让 - 雅克·卢梭 1755 年提出了一个理论："当行动各方协同合作时，整体利益的规模几乎总是会越变越大，因此每一方都能分得比其孤军奋战时更多的利益。"纳什用数学方法证明了这个理论。未来的竞争是生态的竞争，靠单打独斗，是很难成功的，必须让自己的长板与别人的长板进行配称组合，筑成一道坚固的城墙，如此才能抵御更强大对手的攻击。

在许多行业，竞合已成为主流趋势。比如三星手机市场占有率全球第一，但并不妨碍它给竞争对手苹果提供手机零部件；华熙生物虽然推出了一系列具有竞争力的玻尿酸美容化妆品，但不妨碍它为全国的化妆品公司提供玻尿酸原料。

在高科技领域，大企业与小公司的分工协作更为明显。通常的做法是，大企业建生态、搭平台，小企业建配套、做技术。在电商行业，在阿里大生态下，有成千上万个配套的中小企业，它们在各自领域有着自己的专长，有的擅长流量投放，有的擅长直播带货，有的擅长做代运营。正是因为它们的存在，才使得阿里大生态更加繁荣。

成功的企业在做生态的时候，希望有更多的中小企业参与其中，成为生态中的一部分。随着技术变革加快，这种多层次的企业合作将越来越频繁，也越来越紧密，最终形成一个你中有我、我中有你的大生态。

门口的野蛮人

蛮族一词，源自欧洲中世纪之前古罗马人对日耳曼人等邻族带有侮辱性的称呼，跟我国春秋战国时期的"蛮夷之人"相似。然而，正是这些野蛮人推翻了不可一世的罗马帝国，将有着悠久历史的罗马文明踩在脚下后，毫不留恋拍马而去。这些野蛮人以狩猎、掠夺为生，有着永不停息的战斗精神，以及对残酷生存环境的极强适应力。1500多年以后，野蛮人又在美国华尔街兴起——人们把恶意并购、掠夺公司的人称为"野蛮人"。

20世纪80年代，美国金融环境非常宽松，金融创新此起彼伏，垃圾债券应运而生。那些信用评级较低的公司为了缓解资金压力，发行一些投资利息高、风险大、本金保障弱的垃圾债券。这样的债券很难得到投资者的青睐，却是野蛮人手中的最佳武器。

在全球私募基金KKR收购烟草食品巨头RJR纳贝斯克公司的过程中，垃圾债券大发神威。KKR并购金额超过250亿美元，但它仅仅动用了 1500 万美元，剩余资金相当一部分靠垃圾债券筹得。在这场华尔街的盛宴中，投行大赚一笔，旋即扬长而去，留给 RJR 纳贝斯克公司的是沉重的财务负担。

由于债务过重，RJR 纳贝斯克公司不得不在 12 个月内卖掉了价值110 亿元的资产，每年还面临着 21% 的债务利息。2000 年，它不得已将纳贝斯克公司卖给卡夫食品，将雷诺烟草公司的海外业务卖给了日本烟草公司。这家起步于小镇的公司又重新回到起点。

《门口的野蛮人》一书详细地描述了"野蛮人"掠夺 RJR 纳贝斯克公司的整个过程。这些野蛮人从来没有想过长期经营一家公司，而是通过以小博大的手段榨干公司价值，该书传神地描绘了一群贪婪的华尔街之狼群像。随着该书的畅销，华尔街的野蛮人被千夫所指。

在中国，同样发生了一起著名的野蛮人事件："宝万之争"。

2015 年 7 月 10 日，姚振华执掌的宝能系前海人寿耗资逾 80 亿元，通过二级市场购入万科 A 股 5.52 亿股股份，之后又和一致行动人通过连续举牌，使宝能系持股比例达到了 25.04%，距离控股股东地位仅一步之遥。

万科创始人王石发觉姚振华企图收购万科时，十分愤怒，大骂姚振华狼子野心、趁火打劫，趁万科发展状况不好时，想要吞掉万科。由此，二人爆发了著名的"宝万之争"。当时的朋友圈流行这么一个段子："王石、郁亮用了三十多年时间，爬上了中国房地产顶峰，结果他们发现，自己有可能被一个炸油条、卖蔬菜起家的潮汕人炒了鱿鱼……"

2017年6月9日，深圳地铁正式成为万科第一大股东，宝万之争落下帷幕。在这场惊心动魄的万科股权争夺战中，宝能和姚振华是最大的赢家，有人做过统计，通过这一战，宝能盈利在300亿元以上。

在宝万之争中，王石表现出一种强烈的精英意识，正如古罗马人对日耳曼人一样。他对姚振华不屑一顾，正是这种轻视与敌意，激发了姚振华不顾一切要将万科收入囊中的决心。虽然国有企业华润集团在"宝万之争"中扮演了白武士，也未能阻挡宝能的攻势。王石太过藐视对手，差点让自己辛辛苦苦创办的企业落入他人之手。

宝万之争，引发了人们对公司治理的关注。当初王石在创立万科之时，并没有解决好所有者缺位的问题。股权、投票权过于分散，导致万科时刻处在威胁之中。在相当长的时间里，第一大股东、国企华润集团充当了财务投资者的角色，充分授权王石和管理团队经营企业。尽管这让王石和管理团队度过了相当长时间的安稳日子，可是当门口的野蛮人出现，危险警报就会拉响。

在很多上市公司的股权争夺战中，资本方总是处于强势的地位，没有控股权加持的管理者要么被扫地出门，要么斗得两败俱伤。黯淡谢幕的，通常是企业的管理者。因此，要抵御资本方肆意掠夺公司，首先要让股权集中，掌握足够的话语权。

在互联网行业，创始团队采取的是通过高比例的投票权，确保企业经营的决策权。例如马云、刘强东、王兴、马化腾、李彦宏等互联网大佬，尽管他们不是公司的最大股东，但他们无一例外地拿到了相当高的投票权，对企业的发展有着绝对的话语权。

对于企业家来说，既要防止恶意收购的资本野蛮人，也要防止恶意竞争的行业野蛮人。过去几年，我们看到很多野蛮式生长的企业，在极短的时间里就对行业造成了巨大的冲击，甚至是掠夺式的攻击。他们靠极其粗暴、野蛮的打法，快速成长为行业巨头。它们的每一次行动，都伴随着争议、质疑与唱衰，但并不妨碍它们成为巨人。在它们的左冲右突之下，旧秩序瓦解，新格局形成。

易到租车是中国最早的网约车平台，堪称网约车的先驱。2010 年 5 月，易到租车成立；3 个月后，Uber 才在美国成立；两年之后，程维才用 80 万元启动滴滴创业。后来为什么滴滴大获成功，而易到租车却失败了？

相对于滴滴的野蛮式进攻，易到租车太过于文明、保守。易到面向的是高收入阶层，它的司机温和有礼，谈吐不凡，贴心服务；而滴滴疯狂烧钱补贴、管理混乱、产品重复开发、资源浪费严重。正所谓"乱拳打死老师傅"，这种毫无章法、近乎自杀式的野蛮人打法，却让滴滴一路攻城略地，成为网约车市场上的最大赢家。

从世界发展史的角度来看，发现新大陆的过程中，往往伴随着蛮荒之战。哥伦布发现新大陆，随之而来的是烧杀抢掠，入侵殖民。成吉思汗用铁蹄踏遍欧洲，也是采取同样的手段。几乎每一个新市场，都是野蛮人获胜。360 以免费的方式对战杀毒软件，大获全胜；美团在千团大战中野蛮生长，成为最后赢家；极兔快递以极低的价格血洗快递市场，旋风般崛起。

企业家要应对这样的行业野蛮人，最重要的是速度，以快打快。乔布斯有一句名言："当海盗比加入海军好。"因为海盗只有靠冒险进攻才能活下去。只有像海盗一样抓住机会，以闪电般的速度发出致命一击，才能打败数倍于自己体量的行业先行者。

易到租车创始人周航一直认为，疯狂补贴等同于自杀，会给企业留下无穷无尽的后患。滴滴创始人程维却不这么认为，既然认准了这个行业就应该"all in"，集中所有资源先把江山打下来，再进行规范化管理。

每个行业都有窗口期。在窗口期，烧钱推广抢占先机，用利润换时间并不是一个坏战略。阿里发展电商也经历了一个漫长的亏损期，它通过战略性亏损，培育人们网上购物的习惯，让人们对网购形成依赖。360推出免费杀毒软件，看起来是自断后路，但事实上当流量不断涌入，就有了各种盈利的可能。看似野蛮的打法，其实背后有着自己的底层逻辑与商业闭环。

当一个新市场的大幕刚刚开启，如果你的对手正试图用野蛮人打法把你干翻在地，你的选择只有两个：要么不惜代价以其人之道还治其人之身，要么在犹犹豫豫、观望权衡中慢慢死去。

面对"君万之争""宝万之争"，王石连续出招还击，最终有惊无险，度过危机；面对滴滴的疯狂烧钱补贴，易到不屑于这种不讲"武德"的打法，最后被滴滴打败，从先驱变为"先烈"。

思考题

对于"打败你的有时是外行"这句话，你如何理解？

作为企业经营者，你如何理解竞争的本质？

如何结合企业自身特点制定合适的策略和打法？

请结合本章的阅读感受，写出收获和行动改善、计划思路关键词：

1

2

3

4

5

发送阅读思考作业给作者，获得咨询问答和互动。

第二部分

转型战略

第六章
穿透行业本质

第一性原理

近几年，马斯克是继乔布斯之后，最受关注的创业家，他的一举一动都会牵引着世界的目光。

每一个成功的企业家，都有一套自己的方法论，比如乔布斯的极简原则，巴菲特的滚雪球理论，任正非的以奋斗者为本等。马斯克也有自己的方法论，那就是"第一性原理"。

第一性原理，不是马斯克的原创。最早提出这个原理的是希腊哲学家亚里士多德。到底什么是第一性原理？第一性原理，到底与转型升级有什么关系？

亚里士多德说："每个系统中存在一个最基本的命题，它不能被违背或删除。"当你在重要的问题上找不到解决方法的时候，应该从物理的第一原理开始，从头寻找解决办法。这就是第一性原理。它强调追求最原始的假设、寻找最根本性的规律。底层逻辑如果通了，那么就一通百通。

很多企业家善于用经验来推演战略，他们相信经验，如果企业遇到的困境与过去相似，他们就会按照过去的经验来套。第一性原理则更倾向于用逻辑来推演战略。大逻辑是正确的，小逻辑也是正确的，那结论就一定成立。比如奉行极简主义的苹果大获成功，采取极简原则的戴森电器同样获得成功，而采取极简主义的特斯拉也能成功。

第一性原理，就是要抛弃比较——不要和别人比较，也不要和过去比较——而是剥开事物的表象，看到里面的本质。从事物的本质出发，追溯真相，才能产生颠覆性的创造力。人们经常重复犯错，就是因为没搞清楚事物的本质，他们看到的只是事物的表象。洞察事物的本质，并将其一一拆解、分析，才能找到最优的解决之道。

马斯克创办特斯拉时，他发现，最大的成本是电池组件，如果购买碳、镍、铝等原材料自己研发，电池价格可以下降30%。创办SpaceX时，他发现火箭发射的成本高昂，如果火箭能回收，就大大降低发射成本，提高火箭的重复利用率。马斯克运用第一性原理，解决了电动汽车、火箭发射的本质问题，大获成功。

很多企业家喜欢追风口，他们认为当下的机会稍纵即逝，要牢牢抓住它。遵守第一性原理的企业家，从来不是一个机会主义者。

和马斯克一样，亚马逊创始人贝佐斯也奉行第一性原理。曾有记者让他预测未来十年的最大变化，他认为这个问题并无意义，最有意义的是"未来十年什么是不变的"，这个更值得思考。就电商来说，无论时间发生什么变化，消费者永远追求更便宜的商品、更多的品类、更快的配送，这才是十年不变的真理。把这三点做到极致，就能创造一个伟大的电商平台。亚马逊并没有随波逐流，而是十年如一日围绕这三点打造核心能力，最终成为全球电商之王。

趋势固然重要，但更重要的是不变的真理。我们服务过很多农牧食品行业的客户，每次客户谈及他们的困惑，我们都会从第一性原理来思考。我们发现，大多数企业遇到困境，是因为没有深入洞察行业的本质。

温氏集团，以养鸡而闻名天下。很多人认为，温氏的成功，在于精细化养殖。这并没有错，但实行精细化养殖的企业成千上万，为什么温氏集团能快速成长为千亿级的企业？因为他们运用了第一性原理。

温氏的第一性原理是分钱。温氏把人性看得很透，它认为要做大事，就要一帮人一起干。要让别人追随你，仅靠梦想是不行，还要分好钱。舍得分钱，分好钱，才能让企业永续发展。

在创业阶段，温氏的股权分为了七户八股，其中温北英、温鹏程父子是一户，占两股。等到温氏有了一定规模之后，开始实行全员持股的模式，向全体员工定向增发。所有的员工都可以成为股东，根据出钱的多少，来决定持股的多少。当股本达到一定程度后，就不再定向增发，但股权可以在内部市场进行买卖。

温氏不仅在内部采取分钱模式，对农户一样也不吝啬。温氏多赚了钱，就会多分一点给农户；出现风险的时候，也会补偿农户的损失。

温氏算过一笔账，如果农户一年的养鸡收入超过打工收入的1.6倍，他们就不会动出去打工的念头，但如果只有 1.2 ~ 1.3 倍的收入，他们可能会选择外出打工。一旦鸡瘟等不确定的风险爆发，他们极有可能放弃养殖的念头。鸡的价格随时在发生变化，温氏与农户的合作，不是基于行情，而是基于第一性原理——不管行情如何，农户都能获得稳定的收入、安心地养鸡。

有一年禽流感暴发，温氏的养鸡农户亏了 36 亿元。失之东隅，收之桑榆。养鸡巨亏，但养猪却大赚，那一年，在养猪上，温氏赚了 40 多亿元。

遇到这种情况，一般的企业家会选择将 40 多亿揣自己兜里。理由很充分，也站得住脚：禽流感是不可抗力的天灾，一损俱损，公司也亏了钱，没有理由再补贴农户；至于养猪赚不赚钱，是另外一回事，跟养鸡不沾边。

但出乎人们意料的是，温氏从养猪赚的 40 多亿中，拿出 36 亿补贴给养鸡农户。有这样大气、爱分享的老板，农户怎么会不愿意跟着温氏一起干？

有人认为，分钱是一个专业的事，比如要设计薪酬评价体系、KPI 考核体系、股权激励体系、职位晋升体系等等，但实际上是一个意愿的事。如果公司的最高管理者，没有分钱的意愿，再专业也白搭。

在华为公司，任正非的股份微乎其微，很多人认为他傻，白白地将到手的利益拱手让人。事实上，这是大智慧。试想一下，如果任正非没有分钱的想法和意愿，华为怎么会发展得如此迅速，成为傲立全球的科技巨人？

和其他行业不同，农牧行业高度依赖合作。农牧行业的产业链条非常长，涉及育种、孵化、技术、养殖、冷藏配送、二次加工、推广销售等环节，很少有企业能包揽整个链条。产业链的高效协作，是农牧行业打造核心竞争力的关键所在。如果进一步穿透其本质，就会得出其第一性原理。

农牧行业会经常遇到一些不可控的危机，当瘟疫来临时，行业就会遭遇毁灭性的打击，对一些中小企业更是如此。当禽流感来临时，哪些企业能经受住考验，快速站起来？显然是那些愿意分享、愿意共渡难关的企业。当真正的危机来临时，哪些企业是可靠的，哪些企业是无良的，养鸡的农户一眼就能分辨出来。

在农牧行业，没有稳定的供应链，企业很难做强做大；缺少了农户的支持，企业更是寸步难行。温氏从初创期，就已穿透事物的表象，洞悉到农牧行业的第一性原理，一路快速奔跑，成长为千亿级的巨头。

当然，影响农牧行业发展的因素有很多，比如科学育种、规模养殖、强化供应链等等，这些对企业的发展十分重要，但这并不是最重要的因素。最关键的是，让所有利益相关方都能获得发展。

农牧行业的主要从业者是农牧民，他们学历不高，做事实在，靠劳动吃饭。他们是农耕文化的代表，拥有仁义礼智信、温良恭俭让等传统美德。如果用西方的管理制度来考核他们，显然是不适宜的。在大胆分钱的基础上，更要用孔孟之道、儒家文化待之，这不仅可以使企业与农户形成紧密的利益共同体，而且会形成彼此认同、休戚与共的生命共同体。如此，才能夯实企业发展的基石。

　　许多农牧行业的企业家，经常研究国家政策，把它视为影响企业发展的关键所在。国家政策，固然会带来新的一波红利，但企业的发展，不是一年两年，而是十年、二十年甚至更久。国家政策带来的是整个行业的利好，但企业发展得好不好，最终看企业的竞争力。

　　正如新能源汽车行业一样。近些年，国家大力扶持新能源汽车的发展，一大堆新势力蜂拥而至，然而几年后，活下来的新势力屈指可数。不是新能源汽车行业不好，也不是政策不给力，而是企业的竞争力不够。

　　前些年，国家扶持太阳能行业，出台了一系列支持政策。一些企业嗅到了机会，不顾现实情况疯狂超前投资，当国际市场环境急转直下，企业资金链断裂，后续乏力，最终倒下。无锡尚德就是典型例子。

　　无论是农牧行业、新能源汽车行业，还是太阳能行业，国家政策不是第一性原理。如果错把国家政策当第一性原理，企业就会付出惨重的代价。

　　在农牧行业，还有一些企业认为，三产融合是第一性原理，理由是将养殖、加工等环节牢牢抓在自己手中，就能确保给消费者一致性的体验。这样的想法并没有错，但是养殖、加工与食品分属不同的行业，底层逻辑大不相同。

　　企业要贯穿三个行业，不仅要洞悉每个行业的底层逻辑，分析出第一性原理，同时要具备很强的整合能力将它们进行无缝连接。很多农牧企业，在创业初期就做全产业布局，不仅浪费了宝贵的发展资金，而且把企业推向混乱之中，得不偿失。

　　马斯克说，他在打理特斯拉、SpaceX、推特等公司时非常痛苦。

这是因为每个行业的底层逻辑不同，个人的精力也有限，在不同的行业间来回跳跃，难免会顾此失彼。像马斯克这样聪明的人，都会遇到如此困境，一般的企业家可想而知。

洞悉行业风向

搞明白第一性原理，就能确保企业会成功吗？不一定。企业应该审时度势，认清行业发展的趋势，做出正确的战略决策。

随着技术的进步，消费的升级，很多行业发生了翻天覆地的变化。企业应该顺势而动，不断升级自己的能力，主动适应市场的变化。

在20世纪90年代末期，寻呼机、小灵通大行其道；进入新世纪，以诺基亚、爱立信、摩托罗拉为代表的功能手机备受欢迎；2010年以后，整个通信市场是智能手机的天下，苹果、三星、华为成了市场的宠儿。

市场竞争是一个动态的过程，每一次技术的进步、市场的演进，都会带来行业的巨变，一些企业兴起，一些企业消失。尤其在高科技行业，竞争更加激烈，淘汰速度更快。

在数字时代，技术变革不断涌现，各种风口层出不穷。如何在不确定的市场环境中，找到确定性的增长机会？这考验企业家的智慧。

以互联网行业为例，每隔五年就会出现一个大风口，两年出现一个小风口。整个行业，几乎每时每刻都在变化。曾经的巨无霸，可能很快就在一两年内陨落；不知道从哪里冒出来的新公司，可能在两三年之内就成为让巨头们害怕的新势力。

现在人人都在谈论短视频、人工智能创业。在五年前，没有人意识到，它会改变整个互联网世界；在两年前，没有人知道，ChatGPT能带来颠覆性的革命。如果有人提早预测到这些趋势，那么他们就会成为时代的弄潮儿，行业的先驱者。

即便在传统行业，洞悉行业趋势也非常重要。这两年，以自嗨锅为代表的预制菜忽然火爆，成为网红产品。如果有企业在三年前提前开发出类似自嗨锅这样的预制菜产品，就会抓住这一波的市场机遇。

技术不断革新，消费不断升级，行业不断变化，企业到底如何在混沌未明之中，洞悉行业风向、把握行业趋势？是否有捷径可走？

我们认为，每个企业都要有一个市场调研部门或小组。不管这个部门或小组是隶属于总裁办，还是隶属于战略发展部或者市场部，他们都要承担起一个重要的使命：扮演企业最高层的眼睛甚至大脑的角色，帮助企业领导者在纷乱繁杂、瞬息万变的信息中，识别战略机会。

战略决策，需要建立在数据之上。二十多年前，企业家靠三板斧（定位、代言人、央视广告）就能赢得天下，现在，营销渠道、传播媒介、购买行为、口碑推荐等日渐碎片化，分散在各个触点之中。靠原来的三板斧，已很难获得巨大的成功。面对新的市场情势，企业家靠拍脑袋决策就能成功的时代，已一去不复返了。企业要做出正确的战略决策，必须高度依赖大数据。

市场调研部门，就是企业的数据中心、情报中心甚至是战略中心。

离开调研，企业的战略决策就会成为无源之水。调研不是走过场，而是通过科学的方法，从海量数据中找出事物的本质、行业的规律，帮助企业家战略决策。

市场调研，实际上是一个"剥洋葱"的过程。拨开层层表象，直抵事物本质，找出底层逻辑，洞悉行业趋势，把握关键要素，制胜未来。

那么，市场调研该如何"剥洋葱"呢？

首先，要对宏观市场环境有一个深入的了解，通过分析外部环境，识别潜在风险与市场机遇。其中，PESTEL分析模型，是重要的市场分析工具，可从政治因素(political)、经济因素(economic)、社会文化因素(sociocultural)、技术因素（technological）、环境因素（environmental）和法律因素（legal）等六大因素入手，对外部市场环境进行详细分析。

其次，深入了解产业链参与者的运营情况与竞争能力。企业可以根据波特五力模型，对产业链进行全景式的扫描。五力模型确定了市场竞争的五种主要来源：供应商的讨价还价能力、购买者的讨价还价能力、潜在竞争者进入的能力、替代品的替代能力，以及同行业对手的竞争能力。

在全球化、数字化的时代，企业不仅要和同行竞争，而且要和跨界的新物种竞争，随时关注消费者的变化。因此，对潜在进入者和替代者的研究非常重要，尤其要重点研究消费者行为的变化，它是重塑产业格局的关键力量。

再次，深入研究市场，洞悉驱动市场发展的底层逻辑。企业可以从市场规模、市场发展阶段、市场增长情况、行业集中度、市场发展趋势、市场空白点、价值链构成、行业核心驱动力、行业发展史入手，展开深入研究。

了解了市场发展的阶段、市场增长情况，才能够基本掌握当前市场运行的方式，预估企业发展空间和成长天花板。洞悉了市场集中度和市场格局，才能够判断市场竞争态势，制定出符合企业现实情况的竞争战略。洞察了市场发展的未来趋势，才能够准确判断市场发展的状态，制定出未来五到十年的战略规划。

然后，要对驱动市场发展的核心能力做出判断。企业可以从营销4P——产品（product）、价格（price）、促销（promotion）、渠道（place）展开探索研究。

产品与服务，是企业的立足之本，要重点关注竞争者的产品结构、核心产品以及背后的动销逻辑、核心价值点，同时要对竞争对手的技术创新、产品迭代时刻保持关注。价格与促销是消费者最为关心的两大要素，它直接影响企业的营收与利润，也是其品牌定位的具体表现。定位高端的品牌，采取的是高价撇脂策略，很少做促销，但特别看重服务。对于渠道的研究，要分线上、线下两大类开展研究，重点关注渠道之间的利益链分配机制。

最后，要对企业战略进行系统性研究和思考。企业可以从商业模式、品牌、资本、创新等多个维度，对企业战略展开深入研究。很多企业不重视内部数据的研究，对商业模式、品牌、资本、创新等没有系统性思考，往往导致制定出来的战略如同空中楼阁。

在洞悉行业风向的过程中，要理性对待数据的真实性问题。公开的数据，往往存在数据打架、数据延迟、数据造假等现象，这需要企业有很强的数据审查能力，验证数据的真实性；同时也要具备数据挖掘能力，弥补现有数据的不足。

总而言之，洞悉行业风向不是凭感觉、拍脑袋，而是建立在海量真实数据、理性分析研究之上的科学洞察。

重新认知消费者

过去三年对行业和消费者来说确实是一个巨大的变革期。全球经历了新冠疫情的暴发和蔓延，这导致了经济的不稳定和市场的动荡。许多行业受到了冲击，企业被迫面临新的挑战和调整。在这个时期，消费者的行为和偏好也发生了巨大变化。疫情让人们更加关注健康和安全，追求更加便捷和无接触的购物方式。

随着经济环境不确定性的增加，整个消费环境发生了巨大的变化。消费者不约而同地捂紧了口袋，开始精打细算。在这样的时代背景下，企业该如何重新认知消费者？

企业家首先要认识到，消费环境的巨变，让捕捉消费行为变得更加困难。过去，企业习惯性地将消费者分为高、中、低三个层次；而后疫情时代，消费者既要求价格低，又要求品质高。看似充满悖论，但却是消费者真实的需求。

很多品牌在疫情防控期间实现爆发式增长，就是因为抓住了这一消费需求。最为典型的是瑞幸咖啡。瑞幸咖啡曾因为财务造假事件，跌落谷底，但在疫情防控期间，它深入洞察消费者需求，通过一款爆款产品——生椰拿铁，重回巅峰。这款性价比超高的超级爆品，满足了消费者的营养、提神、口味、低价的四重需求，是典型的品质高、价格低产品。

其次，消费者的角色转化越来越快。按照经典的营销理论，消费者有四个角色，每个角色对应着不同的消费阶段：购买前，是目标受众；购买中，是购买者；购买后，是体验者；使用后，是传播者。

电商的迅速发展，消费者的接触点开始融合，消费过程不断缩短。在传统的消费语境中，消费者完成整个消费行为，时间跨度非常长，尤其在购买家电、汽车等耐用品时，时间可能长达数月。而在电商平台，认知、购买、体验、传播几乎可以在同一场景、同一时间段完成。这使得消费者的角色更加多变。

消费者的需求，常常在模糊与清晰中徘徊。对于使用价值，消费者是清晰的，例如为了解困，选择喝咖啡，这个需求是确定的。但是对于情感价值，消费者是模糊的。当某个咖啡品牌所倡导的理念和价值观激发了消费者潜意识，那么消费者与品牌就产生了深度的情感连接。如今，越来越多的消费者更加关注自身与社会的关系，尽管他们并不十分明确，但当对的品牌出现时，他们就会第一时间惊呼：这就是我想要的品牌。

如何在模糊与清晰的需求中找到平衡点，是所有品牌必修的一堂消费心理学。洞察消费需求，要以动态的眼光来看待，既要找到基于产品使用功能的显性价值，也要找到引发消费者共鸣的隐性价值。

不仅消费者的需求是动态的，消费人群也是动态的。过去的主力消费人群，随着时间的推移和时代的进步，也在发生巨大的变化。

正所谓，江山代有才人出，各领风骚数百年。一个时代都有一个时代的生活方式，当一个时代的消费主力人群发生改变时，消费需求也会随之发生巨变。在十多年前，家电的消费主力军为70后、80后，而现在90后登上消费舞台的中央。与前一代消费者非常不同，他们的需求更加个性化、多元化和复杂化。他们的崛起，原有的消费格局被重构，新的消费风潮也因此而兴起。

面对这样的新消费时代，很多传统的企业家越来越难洞悉到他们的真实需求。一方面，他们很难正确理解消费者的行为，另一方面，也抓不住消费者背后的动机和逻辑。

以Z世代、新中产为代表的人群，构成了新消费的主力军。从他们的特征与行为中，可以洞悉消费需求的变化。

Z世代是出生在1995年至2012年之间的一代人，也被称为"网生代"或"互联网世代"。与前几代消费者相比，Z世代消费者具有独有的特征和消费习惯。

首先，Z世代消费者是具有数码技术和互联网的原生用户。他们对于科技的应用非常熟练，习惯于使用智能手机、平板电脑和社交媒体等工具。这使得他们对于在线购物、社交媒体营销和数字内容消费有着更高的接受度和参与度。

其次，Z世代消费者也更加注重品质和性价比。他们对产品的质量和功能有很高的要求，同时也会比较不同品牌和产品的价格和性价比，做出理性的购买决策。

再次，Z世代消费者更加注重个性化和与众不同的消费体验。他们喜欢定制化的产品和服务，追求个性化的风格和品味。因此，品牌和企业需要提供个性化的定制选项，以满足他们的需求和期望。

最后，Z世代消费者对于品牌和企业的价值观非常关注。他们更加注重企业的社会责任、环境保护和道德行为。他们更倾向于支持那些积极参与社会问题的品牌和企业，对缺乏透明度和不负责任的企业持有负面看法。

Z世代消费者是一个充满活力、技术能力强大、注重价值观和个性化的消费者群体，也是未来新经济、新消费、新文化的重要力量，成为品牌竞相争夺的重要客群。

在食品饮料方面，Z世代对0糖0脂0卡的天然有机食品产生好感，青睐现制奶茶茶饮、气泡水、果味水、苏打水、减脂塑身代餐、能量代餐、营养代餐等新兴品类；在娱乐休闲方面，Z世代们喜欢剧本杀、密室逃脱、电竞、动漫、元宇宙、微短剧以及文化艺术展览等；同时，Z世代热爱冰雪、冲浪、陆冲、飞盘、射箭、攀岩等小众运动。从上述消费行为特征可以看出，他们与70后、80后有很大的不同。

新中产消费者是指在社会经济转型中崛起的一群人，他们通常是由于教育水平的提升、职业发展的成功或是投资收益的增加等原因而跻身于中产阶级。与传统中产消费者相比，新中产消费者更加年轻，主要集中在35~45岁的年龄段，教育背景良好，本科以上学历占主流，生活在一二三线城市。

根据 2022 年的《全球财富报告》，我国新中产人数约为 3 亿，位居全球第一。新中产数量排名前 10 的城市分别为北京、上海、深圳、广州、重庆、苏州、成都、武汉、杭州、天津。

新中产消费者具有较高的消费能力，他们倾向于选择高品质、高价值的产品和服务，关注品牌的知名度和形象。新中产是享受生活型，注重个人品位，由消费物质转向消费文化，具有"智、雅、贵"的生活审美。

在线上购物，他们注重品质，更多选择品牌官方旗舰店；在线下购物，他们注重体验，热衷以盒马鲜生为代表的新零售店铺。

他们更加追求个性化和独特性，注重品牌和个性化，也更加注重体验和情感价值，愿意为独特的、符合自己个性的产品和服务付出更高的代价。以华为、蔚来、理想、慕思为代表的高端品牌，是新中产的心头好。

新中产消费者的消费习惯和消费行为也更加多元化。他们愿意花费在旅游、健身、文化娱乐等方面，注重个人发展和提升生活品质。同时，他们也更加关注社会责任和可持续发展，倾向于选择环保、健康和社会公益等方面有意义的产品和服务。

除了常规消费之外，新中产愿意在旅游、服装、高科技产品、子女教育等方面进行花费，倾向于在学习提升、瑜伽、健身等方面投入更多时间，同时在露营、骑行、酒类、音乐会、话剧等方面拥有巨大的消费潜力。

重新认识消费者，尤其要对主力消费者的需求进行深入研究，是企业转型升级的重要一环。很多企业家在制定战略的时候，会习惯性地说：

"站在消费者的角度来看，我觉得……"其实，这种假设并不能将企业家带入消费者的语境。要想真正洞悉消费者的需求，就要俯下身来，倾听消费者的心声，与他们打成一片，而不是臆测和猜想。

思考题

把握你的行业，行业动态、趋势、规律、本质等。

思考企业的发展趋势，发展、增长机会、升级做法等。

重新认识顾客，渠道顾客、典型顾客、大客户等。

请结合本章的阅读感受，写出收获和行动改善、计划思路关键词：

1

2

3

4

5

发送阅读思考作业给作者，获得咨询问答和互动。

第七章
抓住战略内核

　　"战略"（strategy）最早是军事方面的概念，意思为战争的谋略。1957 年，艾伦·内文斯（Allan Nevins）首次将战略引入商业之中。战略的定义演化至今，有了各种各样的解读。简单地讲，战略是为了实现长远目标所做出的重大取舍、关键措施以及资源分配。企业没有战略，好比失去了航向的战舰，不知驶向何处。

　　有一项调查显示，美国 90% 以上的企业家认为："最占时间、最为重要、最为困难的事就是制定战略规划。"杰克·韦尔奇也曾说过："我整天没有做几件事，但有一件做不完的工作，那就是规划未来。"

　　关于战略，华为创始人任正非曾有三句话讲得非常透彻明白："在战略关键机会点上，在生存危机点上，我们可以不惜代价投入。""什么是战略？就是能力要与目标匹配。""战略就是取舍。"这三句话道出了战略的精髓。

找到关键机会点，反思关键难点

战略转型的真谛是有所为、有所不为。最大的难点是"有所不为"，把不做什么、舍弃什么弄明白，战略转型已经成功了一半。

如何让"有所为"这另一半也成功呢？最佳的办法是找到关键机会点。在战略转型的关键时期，企业最怕的是找不到突破口，要么在不同的战略方向之间来回摇摆、错失良机，要么捡在篮子里的都是菜、不加识别，导致战略转型失去章法，功亏一篑。

最佳的战略转型时机，要么在宏观环境巨变的时刻，要么在产业技术革命的前夜，要么在企业爆发危机之前。对企业来说，时间是最大的成本，每一秒都是"生死时速"。

9·11事件发生后，美国的航空公司面临着生死考验；雷曼兄弟公司破产后，金融信贷公司面临着巨大危机；疫情到来，餐饮行业面临着集体转型；智能手机到来，功能机面临着加速淘汰风险；动力电池普及，燃油车面临着被颠覆的风险；AI的兴起，搜索引擎面临着巨大挑战。在这样的特殊时刻，每一个战略都关乎生死存亡，而且十万火急。

好战略是设计出来的。战略管理思想家理查德·鲁梅尔特在《关键难点：领导人如何成为战略家》一书中指出："战略设计既不是根据一个目标设定的，也不是从一个现有的框架中选择出来的，而是从找到你的关键难点，从解决问题开始的。"

战略设计没有成熟的公式和理论，但有一个基本的底层逻辑，那便是找到关键机会点。任正非曾说这么一句话："抓住了战略机会，花多少钱都是胜利；抓不住战略机会，不花钱也是死亡。节约是节约不出华为公司的。"任正非口中的战略机会，就是关键机会点。

既然关键机会点如此重要，那么该如何设计正确的战略以确保企业能抓住它？

首先要识别关键挑战。对大多数企业家来说，关键的挑战无外乎两个：一是看不清关键机会点，不知道哪里是突破口，不晓得哪里是困难点，不明白是什么阻碍了企业发展；二是目标不明确，在多个目标间徘徊犹豫，不知道该如何做选择。

理查德·鲁梅尔特曾在书中讲过一个典型的案例：2018 年，奈飞（Netflix）陷入战略的徘徊期，它既想保持流媒体领导者地位，又想像迪士尼一样拥有自己的 IP，还想扩大国际市场份额，也想进入电视业务，同时想成为另一个 YouTube。到底该如何做选择？每一个选择都有可能成功，也都有可能失败。该采取哪个战略，该舍弃哪个战略，都面临着棘手而又两难的选择。

站在交叉路口，每个方向都混沌朦胧，没有现成的公式可以套用，也没有成功的路径可以参考。这个时候该怎么办？

现在进入到了第二步：反思关键难点。

关键难点又叫核心悖论（core paradox），也就是到底是什么机制在阻碍你、限制你？为什么你这个事总是做不好？把这个核心悖论搞明白了，也就找到了解决关键难点的办法。

鲁梅尔特的做法是集体参与。先是组建一个团队做大量调研，让每个员工都说一说企业的关键难点在哪里。通过汇总之后，对关键难点进行分组，并按照重要性、可应对性进行排序。重要性就是这个难点在多大程度上威胁到公司的核心价值，可应对性就是看看公司手中有没有能解决问题的杠杆。当重要性和可应对性都很高的时候，这个问题可能就是你需要解决的关键难点。

例如，亚马逊最开始做电商的时候，只卖自家的东西，后来想，能不能让其他卖家也来卖货？这个时候，关键难点出现了：卖家做大之后，会不会集体出走另立门户，做自己的电商平台？

对亚马逊来说，它首要考虑的是两点，一是卖家出走会不会威胁到亚马逊的核心价值？二是亚马逊有没有解决方案的杠杆？

亚马逊分析之后，发现手中有卖家无法替代的两个杠杆：物流系统与仓储服务。只要卖家用上亚马逊的物流系统、仓储服务，就会形成路径依赖，再也离不开了。经过仔细权衡之后，亚马逊放心大胆地让其他卖家入驻，顺利实现战略转型，最后成为全球最大的电商平台之一。

反思完关键难点之后，就到了第三步：跳出思维定式。

在战略转型的关键时期，很多企业家会在固有的思维模式中打转，怎么走也走不出来，仿佛走进迷宫一般。其实，只要站在高处，就能轻而易举地发现走出迷宫之路。

1984 年，迪士尼新开发的有线电视业务和电影业务持续亏损，拖累整体业绩不断下滑，公司面临被拆分的命运。新 CEO 迈克尔·艾斯纳上任后重新分析了公司业务，反思关键难点：电视、电影不赚钱，是因为绘画师的人工太贵。迈克尔·艾斯纳发现迪士尼有两个解决问题的杠杆：一个是节流，让计算机代替人工绘画；一个是开源，开发动画片主角的周边产品。后来，迪士尼靠这两招成功转型，获得巨大成功。

埃隆·马斯克在创办 SpaceX 时，发现了传统运载火箭的关键难点：火箭重返地球的时候，速度过快、温度过热，导致损耗很大。马斯克想到的解决办法是，让火箭多带些燃料，多出来的燃料用于重返时的减速引擎，火箭缓慢着陆过程中不会因温度过热而损毁，着陆后还可以二次回收利用。

1999 年，漫威公司出版了很多漫画书籍，但卖书利润很薄，电影改编的收入也微乎其微，公司濒临破产。漫威总裁凯文·费奇反思关键难点：漫威有 4700 个漫画人物，电影公司只对蜘蛛侠和 X 战警感兴趣，其他人物不值钱。凯文·费奇的解决办法是，让其他人物与蜘蛛侠、X 战警产生关联，共同生活在同一个虚拟宇宙中。靠"漫威宇宙"的理念，漫威在华尔街募得资金，成立了独立制片厂。此后，漫威大发神威，成为世界上最赚钱的电影公司之一。

战略不是生搬硬套教科书，更不是从攻略大全里做选择，而是要从企业自身出发，识别关键挑战，反思关键难点，跳出思维定式，得出最优解。

构建与目标相匹配的能力

战略设计是一回事，战略落地是另一回事。企业家既要保证战略的正确性，又要具备战略落地成功的能力。

美国著名大战略专家约翰·刘易斯·加迪斯在《论大战略》一书中，旗帜鲜明地提出一个观点："所谓战略，就是目标和能力的平衡。"这一观点与任正非的"战略是能力与目标匹配"的见解惊人一致。意思是根据自己的能力去制定目标，不断完成一个个小目标，在提升自己能力的同时，不断接近梦想中的大目标。

英国著名哲学家以塞亚·伯林将人的思维分成两类：一类是刺猬式，思维专注却固执，坚守一个不变原则，以此规范一切言行；一类是狐狸式，思维零散离心，却能根据环境的变化适时调整战略。伯林认为柏拉图、但丁、尼采、黑格尔属于刺猬型的，而亚里士多德、莎士比亚、歌德则属于狐狸型。狐狸式和刺猬式的交汇点就是常识，而这种常识，经得起时间的检验。

约翰·刘易斯·加迪斯在《论大战略》中阐述了同样的观点，他认为，人的思维常处于刺猬式和狐狸式两种模式的对抗中，如果将刺猬式的方向感与狐狸式的敏感性相结合，追求目标与能力的一致性，就能孕育出成功的大战略，并取得最终的成功。一个好的战略未见得逻辑自洽，甚至不排除前后矛盾和冲突的可能。

《孙子兵法》讲审时度势，本质上讲的是目标与能力的关系。在大多数情况下，能力与目标之间总是有差距。如何让能力赶上目标，是企业家的必修课。能力不是说有就有的，而是在"战争"中逐步培养和锻炼出来的。战略目标的达成，是一个能力逐渐提升的过程；当能力达到了，目标才有可能实现。

　　企业做好取舍、找到关键机会点之后，新的战略目标也就基本确定了。接下来最重要的事，是要让企业能力与战略目标相匹配。那应该如何做呢？

　　关键在于分解任务，打赢一个又一个胜仗，攻克小目标，接近大目标。

　　我们参加过不少企业的战略目标分解会，发现经常会陷入一个误区。在会上，老板把当年及未来三年到五年的业务、营收、利润一公布，整个战略目标分解会就开完了。这种老板一厢情愿的战略目标分解，既得不到管理团队的认可，也无法唤起团队的战斗精神。最后是老板一个人信心满满，底下员工怨声载道。这样定出来的目标是空中楼阁，绝无实现的可能。

　　既然战略转型的关键是找到关键机会点，那么战略分解就要围绕它而展开，将目标与关键成功要素结合起来。很多世界级企业采用OKR（Objectives and Key Results）目标管理工具来进行目标管理，OKR又叫目标与关键成果法，是近年来非常流行的管理工具。它与KPI（Key Performance Indicator）关键绩效指标一道，构成了目标管理的重要部分。

　　OKR的核心是目标（Objectives），它主要回答"我们希望做什么"的问题。好的目标能引起团队成员的共鸣；它是有时限的，也是能定量的。这个定量就是关键成果（Key Results），它解决的是"我们如何知晓实现了目标"。

　　OKR起源于彼得·德鲁克的目标管理，后来在英特尔公司得以发扬光大。英特尔公司在OKR的基础上提出了高产出管理的概念，聚焦少数几个核心目标。英特尔公司还认为 OKR 设定的周期太长,应该减少周期、增加频次。这就是互联网行业常说的"不断迭代"。通过不断迭代,来确保对核心目标的持续聚焦和关注。

OKR 的设计不是老板说了算,也不是员工说了算,而是自上而下和自下而上的双向奔赴。虽然 OKR 通常具有挑战性,但由于目标聚焦、打法明晰,能够激发组织的活力。今天,英特尔、谷歌、推特、领英等互联网大厂都在用 OKR 做目标管理。

OKR 的底层逻辑是为了打胜仗,一个又一个的胜仗能鼓舞人心。因此,要将目标拆解成一个又一个激动人心的关键成果。

谷歌最先推出了 OKR 的评价体系,它将评分范围设为 0 到 1 分的四个分级。1.0 分:百分百完成,取得了极其卓越、几乎不可能实现的成果;0.7 分:虽然没有完成目标,但付出极大努力,取得关键成果;0.3 分:没有完成目标,取得了通过常规努力就能够实现的成功;0.0 分:没有完成目标,也没有取得任何成果。

谷歌认为,多数 OKR 得分在 0.9 以上,可能说明目标设置得过于简单;如果多数得分在 0.4 以下,则说明目标设置过高,或目标定位错误,将本不属于重要和核心的领域当作工作重心;得分在 0.6 至 0.7 之间是比较理想的,这说明在正确的方向上取得了不错的结果。

成功的企业,通常用 KPI 来进行长期的绩效考核、用 OKR 来进行短期的目标管理;前者决定固定薪酬和奖金,后者决定可浮动的激励。双管齐下之下,既可明确团队的目标感,又可激发团队的战斗力。

要打胜仗,除了要有目标、路径、方法和目标管理,还要有坚定的执行，而坚定执行的前提是配置高强度资源。如果说 OKR 明确了一个又一个战役，以及打赢它的关键举措，那么集中资源、坚定执行则是打胜仗的前提。

一旦确定了战略的长期目标，确定了目标的优先次序以后，就要持续地、义无反顾地投入。

在《华为公司基本法》中，有一条重要的原则：压强原则。这条原则是指，在成功关键因素和选定的战略关键机会点上，以超过主要竞争对手的强度配置资源，要么不做，要做，就极大地集中人力、物力和财力，实现重点突破，迅速扩大战果，最终达到系统领先。

任正非认为，每个阶段都要确定一个战略突破口，不要把平行战线拉得太长、全面出击，全面出击不是华为的优势。面对百倍于自己的对手，华为要打胜仗，只有一条路：就是把有限的资源集中在更少的选择上，把整体的规模劣势、资源劣势转化为局部的、点上的投入强度的优势。

任正非曾用坦克和钉子来比喻"压强原则"。坦克重达数十吨，却可以在沙漠地带行走，这是因为宽宽的履带分散了坦克的重量；钉子虽然体重轻、质量小，但却能穿透坚硬的墙面，这是因为所有的力量都集中在钉子尖上。显然，钉子的压强比坦克的压强更大。

在战争中，在全局力量上占优势的一方，在局部对抗中不一定占优；在全局力量上处于劣势的一方，在局部战争中也能占明显优势。在动态战争中，全局力量处于劣势的一方，可通过集中优势兵力在局部创造压倒性的优势，通过局部的一场场胜仗，逐步赢得全局性的胜利。

在一段时间里，华为的大多数客户都有定制化需求，这对华为的成长起到了促进作用。到了一定阶段后，不加选择、快速积极地响应客户定制化需求的弱点就暴露出来了。比如为了满足不同客户的需求，研发人员要开发多个版本，交付完之后，有很多版本却束之高阁，造成资源浪费，而且无法做到规模化销售。

当华为走在世界前列之后，它的关键机会点，不再是满足非战略性客户的定制需求，而是突破核心技术，与世界级对手竞争。在非关键机会点上，华为不会过度消耗战略资源。为了赢得这场技术战役，华为投入的研发资金高达190亿欧元（约合1396.05亿元人民币），仅次于谷歌、脸书与微软，高于苹果、三星、大众汽车、英特尔。

按照华为这么大的规模和体量，无论进入哪个行业，都能带来翻天覆地的变化，但华为始终没有偏离主航道，始终义无反顾、持之以恒地专注通信核心的网络技术的研究，不为其他机会所诱惑，即便在核心的网络技术中，也通过开放合作不断剥离不太核心的部分。

新能源汽车的大爆发，很多科技公司纷纷下场造车，但华为一直不为所动，旗帜鲜明地宣布"不造车"。2020年11月，任正非签发了一份声明，谁建言造车将被调离岗位。华为清晰地认识到，核心网络技术才是华为的根本，于是将造车的任务交给了合作伙伴。

华为通过智选模式与各大车企合作，从产品定义、研发、质量控制以及终端的营销、销售都进行了全面赋能，几乎主导车型的整个生命周期，距离真正意义上的"造车"仅一步之遥。但是，华为仍然坚持了"不造车"的原则，根本原因在于造车与华为的战略目标不符。

为了打好新能源汽车这场战役，华为让余承东挂帅作战。当年，在手机市场，余承东打下了一场又一场胜仗，将华为手机送上了全球前三的宝座。后来由于美国的芯片封锁，华为手机的市场份额有所下滑。但因为余承东对消费者业务的理解极为深刻，此次华为选择让他负责华为车 BU 业务，并配置了精兵强将、优势资源。这说明华为将车 BU 业务视为关键机会点。

对关键机会点，华为始终坚持兵合一处、集中力量，打赢一个又一个局部战争，从而赢得全面战争。在打赢手机战之后，华为开始动用优势资源，打响汽车 BU 的局部战争。这样的战略与战术，可谓深谋远虑、百战不殆。

向华为学习战略，既要学习它的有所为、有所不为，还要学习它如何寻找关键机会点，也要学习它如何将能力与目标匹配。在定战略方面，华为堪称典范。毫不夸张地说，如果企业家搞明白了华为战略的底层逻辑，也就离成功不远了。

战略性舍弃

竞争战略之父迈克尔·波特有一句名言："战略的本质是选择不去做什么。"管理大师彼得·德鲁克也指出："有计划的放弃和自我更新，是战略规划最重要的组成部分之一，但它却最被人忽视。"

这和企业家面临的选择困境相似：很多企业家在制定战略时，往往都是计划做什么、优先做什么、要增加什么，很少考虑到放弃做什么、延迟做什么、要减少什么。这是对战略认知的最大误解，也是战略制定的最大盲区。

风险管理理论学者纳西姆·尼古拉斯·塔勒布在《反脆弱》一书中提到中世纪哲学家让·布里丹的一个假想试验："一头驴子又饥又渴，在其左边不远处有水源，在其右边等距离处有草料，驴子只是因为一直纠结于到底是先喝水还是先吃草，终因饥渴而亡。"

对一个成功的企业家来说，选择做什么很简单，但选择不做什么却非常难，甚至非常痛苦。

当年，小灵通火爆一时，不少公司赚得盆满钵满。然而，小灵通是一个过渡性的通信技术，是特殊历史时期的产物，不是未来通信行业的发展方向。那段时间，任正非经常收到高管要做小灵通的报告。面对这样的选择，任正非非常痛苦，甚至加重了他的抑郁症。

回首当年，任正非感慨地说："我每看到一次报告，就是一次内心的纠结折磨，痛苦得无以复加，可能抑郁症也是那个时候变得严重的。直到八年以后，中国确定放 3G 牌照，我们的心才真正放下来。"

20 世纪末，在小灵通业务的鼎盛时期，一个名叫"UT 斯康达"的公司快速崛起，年收入高达 26 亿元。2000 年，UT 斯康达在纳斯达克上市首日暴涨 287%，市值一度超过 70 亿美元。然而，随着小灵通技术被淘汰，UT 斯康达快速陨落，如今市值仅 4228 万美元，处于要死不活的状态。

聚焦主航道，聚焦大方向；不在非战略机会点上消费战略竞争力量。任正非一直坚持做正确的事，从不为短期利益所动。在他看来，为了赚快钱而转换航道，这不算战略，而算是投机。

在华为创立早期，任正非就面临过一次重大的战略选择：是走"技工贸"路线，还是走"贸工技"路线？当时，主流的 IT 通信企业都是走的后一条路线，例如联想集团创始人柳传志，就是坚定走"贸工技"路线。

"贸工技"路线，通俗地说就是先做生意，再做生产，最后做技术。柳传志有一个著名的"踩实了就跑"理论。在行业开始的早期，"贸工技"路线能赚快钱，也能赚大钱。但长期来看，技术才是关键。为了抢占先机，任正非选择走"技工贸"路线，并将绝大部分利润投入到了研发上。任正非的冒险获得了巨大的成功。二十多年后，华为的体量远大于联想。

对于战略取舍，任正非有着清醒的认知："华为这么大的队伍及力量，随便攻击一个目标，容易获得成功，从而容易诱使年轻的主管急功近利，分散攻击的目标。公司内部一直在为聚焦到主航道上来矛盾重重。聚焦主航道，就是聚焦大方向，聚焦公司的远大目标。"

在王石看来，万科的稳健发展同样得益于取舍之道。

"万科曾经做过进口录像机的生意，利润达到 200%～300%。这种超额利润使得许多公司都挤进这个行当，结果供过于求，利润急转直下。我对 1984—1992 年的贸易做过统计，赚钱的用黑字表示，赔钱的用红字表示，结果红字多过黑字。这说明市场很公平，之前你怎么暴利，之后你都要给我吐出来。"此后，王石提出利润超过 25% 的行业万科不做。在这一原则指导下，万科退出了很多赚钱的行业。这也让万科躲过了很多危机。

战略争的不是一时之长短，争的是一世之雌雄。没有战略的公司什么都会试一试，结果到最后做什么都失败。正所谓"将军赶路，不追小兔"，既然选择了远方，便只顾风雨兼程，唯其如此，才能早日抵达。为了实现长期的战略胜利，即便牺牲短期利益也在所不惜。

对大多数企业来说，战略舍弃很难。放弃为什么难？主要原因如下：

① 企业家头脑发热盲目投资，虽然知道投资已经失败，但碍于面子，不得不撑下去。

② 虽然有些业务是可有无可的鸡肋，但留着好像也不消耗什么资源。

③ 过去辉煌一时、如今日落西山的业务，仍能产生微薄收入，放弃实在舍不得。

④ 放弃某些业务，会动摇军心、让员工失业，实在不忍，先看看再说。

⑤ 砍掉老业务，万一开启新业务失败，谁能负得起责任？

⑥ 如果不舍弃，未来做不好；如果舍弃，今天活不下去。还是再等等看吧。

由此可见，战略放弃之所以难，归根结底是当下业绩与未来发展存在矛盾：如果将现有业务放弃了，就要承受业绩压力、股东压力；可是如果不放弃现有业务，未来难有出路。

转型难的背后是资源的有限性。当资源充沛的时候，企业最没有动力转型，而此时恰恰是转型最好的时机；当危机四伏的时候，企业最有动力转型，而此时恰恰是转型资源最不足时。

处在两难中，企业家该如何做决断？

彼得·德鲁克给出的答案是："时间是有限的，资源是有限的，更重要的是人才是有限的。需要把一些过时的、明日黄花的或产出比不高的旧事业主动放弃，以释放出宝贵的资源投入能为企业创造明天的事业中，不要被那些'还能为企业带来微利的，或是已经投入很多财务资源，如今却已经落伍和毫无竞争力的事业'所蒙蔽，这些都是绊脚石，凡是偏离或不利于实现组织使命的，都应该放弃。"

他给出了一个量化指标："当获益增量成本多于可获取收益的一半时，这就是一个可以考虑舍弃的领域了。"他还给出了一个战略舍弃的时间地图："企业需要每隔3年左右系统化地评估企业的所有产品或服务、所有活动和所有业务的重要组成部分。"

如果实际结果与既定目标有着明显的差异，那么就要问："假如今天这个产品（活动或部门）不存在，我们会从零开始投入吗？"如果答案是否定的，那么要再问："我们是该继续，还是该放弃？为什么？"

可见，战略舍弃的核心在于，集中有限资源，聚焦核心目标。在这一原则之下，那些投入产出比不理想、明日黄花的鸡肋项目以及没有前景的产品与服务都通通放弃。当所有精力、资源都聚焦一个目标时，企业就不会因为选择过多而分心，不会因为方向不清而迷茫。

思考题

寻找企业的市场增长点、机会点、需求点。

梳理企业自身优势、资源、条件、模式和打法上的创新性。

制定企业三年规划、五年战略、十年蓝图，用30年回望今天的决定。

请结合本章的阅读感受，写出收获和行动改善、计划思路关键词：

1

2

3

4

5

发送阅读思考作业给作者，获得咨询问答和互动。

第八章
做好顶层设计

做好顶层设计

找到关键机会点、设定战略目标、培育与目标相匹配的能力之后，接下来要做的就是顶层设计。

到底什么是顶层设计？"顶层设计"是一个工程学的概念，30多年前被跨国公司采用，十几年前传入中国，沿用至今。顶层设计是指制定企业整体发展战略和规划，包括使命、愿景、价值观、企业文化、业务范围、组织结构、管理模式等。它是企业经营管理的定海神针，决定着企业未来五到十年的发展方向。

大到一个国家，小到一个企业，都需要做顶层设计。始于20世纪50年代初期的五年规划（计划），就是我国的顶层设计，它擘画了国家未来五年的发展方向。

改革开放四十多年来，企业对经济基础越来越重视，但很多企业家都忽视了上层建筑的建设，包括使命、愿景、价值观和文化等方面的建设。他们普遍认为上层建筑非常"虚"，无法解决企业当下的问题。

事实上，任何一个有战斗力、生命力的组织，既需要经济基础，更需要上层建筑。如果没有上层建筑，就无法凝聚共识，不能齐心协力，打起仗来就会一盘散沙。经济基础是企业的"身体"，上层建筑是企业的"魂魄"。企业没有魂魄，怎么能基业长青？

俗话说："不谋万世者，不足谋一时；不谋全局者，不足谋一域。"企业每隔五年，就要做"顶层设计"。很多知名企业都是在企业发展五年、十年的时候，重新进行顶层设计，实现成功转型的。

华为在创立十年的时候，意识到了过去的战略已无法适应当下的需要。彼时，经历原始积累之后的华为，仍然保持着业绩的高速增长，但是由于内部管理混乱、业务无序扩张，华为处在内忧外患、生死存亡的关键时刻。任正非决定起草《华为基本法》，结束野蛮生长的状态。

《华为基本法》可以说是华为的"宪法"，是影响华为下一个十年发展的顶层设计。《华为基本法》确定了华为三大核心价值观：以客户为中心，以奋斗者为本，长期坚持艰苦奋斗。制定《华为基本法》的过程，也是寻找初心的过程。

《华为基本法》在开篇中这样写道："华为永远只在通信制造行业发展，不涉足其他任何产业，不搞资本运作。"这确定了华为的发展方向，做什么和不做什么。

更为重要的是，华为确定了"奋斗者"的核心价值观。它不仅仅是一个口号，更是落在实处，例如全员持股就是体现"奋斗者"文化的最佳体现。每一个为华为奋斗的人，都能成为企业真正的主人。

顶层设计，是企业家的头号工程，是核心中的核心。

要做好顶层设计，首先企业家要改变思维。企业家最核心的工作，是面对不确定的市场环境，能够高瞻远瞩，先知先觉，给员工一个清晰的未来。企业家是企业的大家长和领航人，只有他们想清楚、弄明白了，才不会踩雷踩坑。

在做顶层设计的过程中，切记不能进行拍脑袋决策，而是要把底层逻辑、方法论想清楚想明白。一些经典的方法论，如营销4P理论、马斯洛需求理论、波特竞争模型等，被市场验证了很多年，具有一定的有效性和适应性。如果根据这些方法论的底层逻辑来思考，就会有的放矢，减少犯错机会。

其次是战略转型。战略转型的内涵非常广泛，既包括经营方向、运营模式、组织架构、资源配置等方面的整体转型，也包括重塑业务形态、重构竞争优势等过程。这是一幅令人向往的蓝图，在擘画这幅宏伟蓝图时要做细致的调研，要系统思考实现终极目标的条件，避免推出之后朝令夕改，导致目标无法实现，失去权威性和可信度。同时，要学会用系统性工具对战略目标进行量化管理，让战略可落地、目标可完成、方法可执行。

再次是升级管理体系。战略转型，本质上是一个价值重构的过程。转型要获得成功，必须具备组织基础。要确保战略转型成功，需要调整组织架构，构建与战略相匹配的组织运作模式，根据战略确定各个职能部门的工作重点。同时，要注重科学分解任务，把任务拆解成简单易执行的标准动作，让每个部门、每个员工都能清晰地知道如何做。

然后是重塑企业文化。凝聚每一个员工的共识，是战略转型成功的基础。当组织架构重组完成之后，就需要部门之间形成协同，部门内部达成共识。这些理念和行为沉淀下来之后，逐步升华为每个人自觉遵守的行为准则和价值理念。某种程度上，企业文化就是上层建筑，它既是企业的灯塔，指引着人们前进的方向，又是企业的护栏，随时纠偏。

做顶层设计，既要做好战略规划，夯实经济基础，更要凝聚广泛共识，筑牢上层建筑，两者不可偏废，唯其如此，企业才能立于不败之地，持续健康发展。

创新商业模式

如果说顶层设计重点解决的是企业五到十年的发展问题，那么商业模式重点解决的则是当下的发展问题。

现代管理学家彼得·德鲁克说："当今企业之间的竞争，不是产品和服务之间的竞争，而是商业模式之间的竞争。"

商业模式是创业者经常挂在嘴边的一个常用词。几乎每个创业者都相信，有一个好的商业模式，企业就成功了一半。到底什么是好的商业模式？企业如何进行商业模式转型？

一个学术界公认关于商业模式的经典定义来自泰莫斯。他对商业模式这样定义："一个完整的产品、服务和信息流体系，包括每一个参与者和其在这个体系中起到的作用，以及每一个参与者的潜在利益和相应的收益来源和方式。"

有关商业模式的说法有很多，例如运营模式、盈利模式、业务模式、收益模式等等，不一而足。虽然叫法有所不同，但殊途同归，不管是何种叫法，它们都直指一个核心：企业是如何赚钱的。因此，可以用一句大白话来定义商业模式，那便是：企业赚钱的方式。商业模式转型，就是企业以新的方式赚钱。

通常来说，商业模式的规划包括九大模块：客户细分、价值主张、渠道通路、客户关系、收入来源、核心资源、关键业务、合作伙伴以及成本结构。每个模块都存在多种选择。将九个模式进行排列组合，就会延伸出无数种的商业模式。

如果对经典商业模式进行解读，就会发现成功转型的商业模式通常具备三个要素：

其一，创造全新产品或服务。如 360 杀毒软件，开创了一个杀毒免费、广告收费的新商业模式，进入发展的快车道；抖音外卖和美团外卖对比看似没什么不同，但它具有很强的内容属性；高端家电品牌卡萨帝也是卖家电的，但它卖的家电平均单价都在一万元以上；元气森林卖的也是碳酸饮料，但它卖的是无糖气泡水，与可乐、雪碧、芬达有着本质上的不同；尽管全国很多养殖场都在养鸡，但温氏集团从鸡的品种研发抓起，建立了核心竞争力。

其二，九大模块中至少一半的模块与竞争对手有着本质区别。卡萨帝在客户细分、价值主张、收入来源、核心资源、关键业务、成本结构上，与大众消费品牌有着本质的区别；野兽派的九大模块与一般花店完全不同，出色的产品力和内容话题生产力，让野兽派成为中国高端花店的代表。

其三，促进业绩增长。未能带来持续业绩增长的商业模式，都是失败的商业模式。很多创业公司，追求商业模式的新奇特，全然没有考虑到执行的可行性，不仅未能提升销售业绩，反而浪费了大量的人力物力。

企业家在做商业模式转型之前，要基于上述三个要素做系统的思考。如果满足不了，建议别轻易改弦易辙，改换商业模式。

几乎所有企业家都意识到商业模式转型的重要性，但到底如何转型，很多人方向不明，也语焉不详。一般来说，商业模式转型可以从三个维度进行展开：收入结构转型；产业链角色转型；技术模式转型。

收入结构转型，本质上是改变收入来源。这需要从消费需求入手，重新定义产品或服务。以家具行业为例子，二十年前的市场，是成品家具的天下，而今天则是定制家具主宰市场。成品家具主要靠产品价差赚钱，而现在更多的利润来自服务，如设计服务、安装服务、售后服务等。随着消费环境的变化，消费者需要的不仅仅是一个产品，而是一个需求的解决方案。这对传统商业模式产生巨大的冲击。

以IBM为例，早期的IBM以个人计算机享誉全世界，后来IBM大刀阔斧进行转型，不再将个人电脑销售作为主要收入来源，而是以解决方案为盈利模式，于是它果断地将个人电脑业务卖给了联想，专注于做服务。奈飞最早以出租碟片为生，经过不断迭代之后，如今的它以原创影视制作、会员制观影服务为主要收入来源，整个商业模式发生了翻天覆地的变化。

产业链角色转型，是大部分制造型企业面临的转型问题。国内很多制造型企业，早期以代工为主，赚取微薄的利润，大部分利润被品牌方赚走。随着生产水平不断提高，很多制造型企业不甘于扮演代工者的角色，于是向价值链的高端进发，开始打造自己的原创品牌。

在晋江、莆田等地，涌现出了不少原创运动品牌，其中一部分工厂曾为耐克、阿迪达斯等国际大牌代工，推出自有品牌之后，不仅很快突破业务瓶颈，而且利润率大增，实现了从中国产品到中国品牌的转变。

技术是驱动商业模式创新的重要因素。例如工业4.0、智能技术的普及，让定制化成为可能。过去，床垫行业都是标准化的产品；现在的床垫，不仅可以按照客户的需求进行定制、实现柔性生产，而且可以利用智能技术，监测人体的睡眠状况，并上传到云端。现在的床垫，已不再是传统意义上的床垫，而是一个智能睡眠终端。慕思就是靠"定制健康睡眠系统"这一理念，一跃成为中国高端床垫的代表，年销售额高达58亿元。

无论是收入结构转型、产业链角色转型，还是技术模式转型，都是基于九大模块而进行的转型。九大模块中，每一个环节的创新，都能衍生出新的商业模式。企业要从若干个组合中，找到最适合企业发展、最有可能取得成功的商业模式。这说起来容易，做起来却非常困难。这不仅要求企业对自身的经营模式、产业发展和技术变革有着深刻的洞察，更重要的是要对用户需求有着深刻的理解，且能提出系统性的解决方案。这才是商业模式转型的关键所在。

思考题

产业生态圈的上下游，你布局了吗？

做好顶层设计的核心是什么？

请结合本章的阅读感受，写出收获和行动改善、计划思路关键词：

1

2

3

4

5

发送阅读思考作业给作者，获得咨询问答和互动。

第九章
迭代企业文化

找回创始人精神

如果对众多转型成功的企业进行研究的话，你可能会发现一个共同的现象，那就是创始人的回归。2023年马云回归之后，强调淘宝才是阿里巴巴的核心，随后进行了大幅的业务调整和组织结构调整。1996年，乔布斯回归之后，苹果焕发新的生命，从一家陷入谷底的企业成为最伟大的企业之一。2008年，霍华德回归之后，星巴克找到最初的价值观，接着进行了大刀阔斧的变革，砍掉了许多与咖啡不相关的业务。

由此可见，成功的转型战略，必须找到最初的梦想与核心的价值观，也即是创始人精神。即便创始人退休了，职业经理人也要找到创始人精神，这是企业发展的精神之源。如果丢掉了创始人精神，商业模式再完美，也很难获得成功。

贝恩公司曾对全球范围内规模在三四十亿美元的上市公司进行观察，发现可持续创造价值的企业只有 9%。这 9% 的企业有一个共同的特性：要么创始人还在亲自带企业；要么创始人或他的家族在董事会中；要么职业经理人延续了创始人精神。

贝恩公司全球资深合伙人、《创始人精神》一书作者克里斯·祖克（Chris Zook）经过大量的研究后发现，那些没能成功实现增长目标的企业，绝大部分问题的根源不在于外部，而是源于内部；应对这些发展瓶颈的关键在于"创始人精神"。

在创业早期，创始人面对的是规模比之大上百倍的巨无霸企业，具有很强的使命意识、清晰的挑战任务与明确的主人翁精神，随着规模越来越大，大部分企业会慢慢丢失掉创始人精神，沦为一家平庸的公司。当规模优势丧失，创始人精神没有被重新拾起时，最后就会变成一家官僚化的企业。当风暴来临时，很容易就会被摧毁。

1985 年，乔布斯面临着人生中最黯淡的时刻。在创业初期，乔布斯领导下的苹果充满激情，与众不同。尽管他倾力研发的"丽莎"电脑遭遇到了巨大失败，但苹果仍然具有深刻的创始人烙印，创新、激情仍在苹果的血液里流淌。当愚蠢的管理层与董事会将乔布斯赶走后，苹果在平庸的路上一路飞奔。十年时间，苹果陷入经营困局，市场份额由鼎盛时期的 16% 跌到 4%。

1996 年，乔布斯回到阔别已久的苹果，做的第一件事就是让创始人精神重回苹果，他要向所有人证明苹果仍然生机勃勃，而且仍然与众不同。二次入主苹果，乔布斯大刀阔斧地发起了一系列创新运动，他首先砍掉了那些平庸、毫无特点的产品，相继开发出了 iTunes 软件、iPod、苹果手机、iPad 平板等一系列颠覆性创新产品。找回创始人精神的苹果焕发出了新的活力，赢得辉煌。

和乔布斯一样，星巴克创始人霍华德·舒尔茨为了挽救企业于水火之中，重披战袍后的第一件事，就是找回企业之魂。

在创业初期，霍华德·舒尔茨的初心是将星巴克打造为人们生活的第三空间：人与人可以亲密交谈，像在家里的客厅里一样。人们要的不是一杯咖啡，而是咖啡背后人与人之间的关系。2000 年，舒尔茨退出星巴克的管理。新 CEO 上台后，首先做的是大规模扩张门店，股价不断暴涨。但到了 2007 年，星巴克开始走下坡路。

霍华德·舒尔茨在《一路向前》一书中这样评价："由于过分追求增长，对公司的核心价值也不再那么重视。衰败发生得安静而平缓，就像脱线的毛衣一样，从松动的那一针开始，一点点脱线。这无法归咎于某个策略或是某个人。"

2008 年，舒尔茨再次出山，担任星巴克的 CEO。他做的最重要的一件事是，重建与顾客、社区的关系，重新找回核心价值与创始人精神。他下令所有门店关店一天，花费了很大的精力进行内训，提醒员工"我们最为看重的企业基石是我们的文化和行为举止"，他向管理层强调"我们卖的就是咖啡，不是什么都卖，不是卖杯子，也不是卖 CD"。宁肯牺牲增长，也要找回创始人精神。舒尔茨回归之后，星巴克再次跨越新挑战，重新迈向辉煌。

丢失创始人精神，经常是在不知不觉中发生的，就像舒尔茨描述的那样，"安静而平缓"。企业做大之后，尤其是上市以后，更加看重规模，追求增长，不自觉就会偏离最初的轨道，让企业慢慢变质。如同一辆缓慢驾驶却跑错方向的马车，当你猛然回头，发现错得太远太远。

惠普公司成立的时候，创始人的初心是建立一家"一旦出现问题就能尽快解决"的公司。他花了大量的时间，来提升客户的办公效率，惠普由此产生了独一无二的价值。当他退休之后，新上任的 CEO 为了让公司快速增长，不断扩张业务，大肆并购重组。这使得惠普的内部结构越来越复杂，机构也越来越臃肿。

管理层花了大量的时间来消化并购后遗症，员工的精力被各种各样的会议所消耗，惠普的工作效率直线下降。这显然偏离了创始人的初衷，公司不但没有解决客户的办公效率，自己也变成了一家"没有效率"的公司。后来换了四任 CEO，也未见好转。

丢失了创始人精神，如同企业丢掉了魂。魂没有找到，无论怎么换帅，都是徒劳的。最根本的解决办法是找回初心，让惠普成为一家最有效率的公司，唯有如此，才能为客户提升效率。后来惠普创始人的儿子惠勒特一针见血地指出，惠普沦为一家平庸的公司，根源在于"创始人精神的遗失"。

找到魂的苹果、星巴克再创辉煌，失去了魂的惠普跌下神坛。海尔创始人张瑞敏对此有着深刻认知，他认为无论企业在哪个阶段，都需要创始人精神，因为企业迈过从 0 到 1 的坎之后，创造性的勇气会不自觉地退化为求稳和自保。这是人性使然。

许多研究表明，在经历长期的成功之后，就会形成心理定式，而且不会再轻易改变。波士顿大学社会学家黛安·沃思在《挑战者号的发射决策》一书中这样分析："人们对相互矛盾的证据苦苦思索，最后却通常将它晾在一边。直到偶然遇到太清晰、太注目以至于不容易忽视的某个证据时，人们才被迫改变并放弃好不容易形成的世界观。"

当过去的经验给企业带来了巨大的成功，创始人就不会轻易改变现状。IBM在大型主机上获得了巨大成功，自然不会对个人计算机感兴趣，于是它将个人计算机业务卖给了联想；施乐在复印机上赚得盆满钵满，自然就会将可能革自己命的、自己发明的打印机技术雪藏。

明明是太清晰、太瞩目、不能忽视的技术，但是这些企业的CEO选择视而不见。根本的原因在于，大多数人不会轻易放弃心理定式。曾经有研究表明，世界每1000家倒闭的大企业中，就有85%是因为经营者决策不慎造成的。其中相当一部分企业，延续了曾经成功的经验，不但没奏效，反而让企业卷入旋涡。

企业发展阶段不同，对企业家的能力要求不同。尽管人的思想、眼界、能力可以后天培养，但每个企业家都有自己的性格，有自己的长板与短板。有的企业家善于创新，有的善于守成；有的擅长管理几十人企业，有的擅长管理几千人的企业；有的企业家喜欢带领团队冲锋陷阵，有的企业家则习惯稳坐军中帐、运筹帷幄；有的企业家擅长"从0到1"，有的企业家善于"从10到100"。如果企业家的能力与企业的发展速度相匹配，那就是最优的结果。如果匹配不上，就要找到对的职业经理人，共同打天下。

彼得·德鲁克说："一个企业只能在企业家思维空间内成长，一个企业的成长被其经营者所能达到的思维空间所限制。"很多企业倒下，是因为创始人没有搞清楚到自己的能力边界在哪里。

克里斯·祖克认为，企业发展通常会经历三个危机：超负荷、失速和自由下落。超负荷是指企业规模快速增长，但管理和运营未能跟上从而导致失衡，通常发生在高速成长期；失速是企业发展到一定阶段突然增速放缓，大多是因为复杂的组织、模糊的管理导致的，通常发生在成熟期；自由下落是指核心业务增长完全停滞，过去的成功经验和商业模式突然失效，大多由颠覆性技术、经济危机、质量问题等外部原因所致，通常发生在衰退期。

面对三大危机，克里斯·祖克给出的忠告是：第一，找回公司在初创时期的使命感，并通过减少公司内部结构的复杂性来聚焦核心业务；第二，重视一线业务，确保每项决策都是接地气的；第三，恢复员工的自主性和独立性，让他们在公司里充分发挥主人翁精神。

在创业的早期，创始人肩负着伟大的使命，向着目标奋勇向前。不管在哪个时期，无论情势如何变化，企业的最高领导者都应一如既往地秉持这一精神，将之视为驱动企业成长的源动力。遗憾的是，很多继任者上台之后，为了强化自己的地位，改弦易辙，另起一套，让创始人精神蒙尘，让企业偏离初心，在错误的方向上越走越远，最终走入困境，令人扼腕。

打造平台型组织

战略转型，不是老板一个人的事，而是全公司的事情。转型成功的重要标志，是彻底激活组织的主观能动性和创造性，如果只是老板一个人自嗨，那么战略转型就会陷入"一人冲锋，万人不动"的尴尬境地，最终导致转型失败。

企业家要清晰地认知到，任何类型的转型，首先都会对员工产生巨大的冲击。因此，企业在转型之前，必须取得员工的共识。任正非在华为变革的关键时刻写下了著名的《华为的冬天》一文，将华为所处困境向员工坦诚相告，同时指明了华为未来的变革之路。通过这篇文章，任正非不仅获得了内部员工的高度共识，而且赢得了社会公众的广泛认可。

企业的增长是连续性的。遇到增长停滞不前的情况，除了业务之外，相当一部分原因在于组织。如果员工没有共识，组织没有活力，战略转型就像是"一拳头打在棉花上"，绵软无力，最终失败。因此，要确保转型成功，首先激活组织的创造性，也即组织转型。

美籍德裔心理学家库尔特·卢因（Kurt Lewin）曾提出过组织转型的三个阶段。

第一个阶段为解冻。在这个阶段，企业家要意识到组织转型的必要性，并且鼓励新的行为取代旧的做事方式。除此之外，人力资源部门也要制定与转型相匹配的指标，例如员工满意度、离职率等。如果员工满意度低、离职率高，那么意味着组织转型迫在眉睫。

第二阶段为转型。这是一个漫长且痛苦的阶段，在该阶段，需要克服重重困难，尤其是既得利益者的反对和阻挠，组织转型因为他们会变得异常艰难。这个新旧交替的时期，需要大量的磨合与融合。组织结构被打乱，领导层也会发生变化。文化冲突在所难免，凝聚共识尤为重要。在这个阶段，全公司要召开凝聚思想的员工大会，有关新模式、新技术的培训也要随之持续展开。

第三个阶段为固化。度过混沌的转型期之后，员工的行为逐渐规范，思想与认知也趋于一致。企业从上到下实行一套符合新期望的价值观。在该阶段，组织凝聚力再次形成。战略转型成功的组织条件，已然成熟。

既然要转型，那么组织最终要走向何方？什么才是组织最理想的状态？无数的成功案例告诉我们，相比其他类型的组织，平台型组织能充分释放个体与组织的潜能，能让转型的效能发挥到极致。

在平台型组织里，企业领导人是企业投资家，他们会让每个员工都成为创客，激发他们创业的激情，并让企业各类资源都为创客赋能。海尔的"人单合一"模式，就是典型例子。在人单合一模式下，每个人都是自己的 CEO，通过为用户创造价值来实现自身的价值。人单合一模式下，海尔实现了质的飞跃，由此孵化出的创业团队多达数百个，在总部赋能之下，一些创业团队快速壮大，成为独立的上市公司。

企业发展到一定阶段，很容易滋生出大企业病，形成部门墙。想让大企业病药到病除，就要尽可能地把员工都变成创业者，充分发挥他们的积极性，释放他们的潜能。

在实践过程中，许多企业家陷入另外一个误区。一部分企业家采取了"雨露均沾"式的股权激励政策、利润分红政策，他们认为，只有这样才能让员工真正成为企业的主人。事实上，这样的激励效果并不好。平均主义，诞生不了狼性团队，只会鼓励吃大锅饭的懒惰之人，不会让员工真正成为创业者。

最佳的做法是，在公司内部孵化出多个阿米巴创业团队，员工在团队里的角色就是创业者。这种纵向式的组织裂变，可以孵化出一个个小公司，让每个员工都能成为事业的主人。

这样从总部分化出来的小公司，不仅得到总部强大的支持，而且具有相对的独立性，更重要的是，公司每个成员都能得到高速成长的红利。这样的小公司直面市场，能满足消费者的需求，能快速将总部的转型战略执行落地。

通常来说，这些小公司的战斗力很强，工作效率非常高。因为它们直面市场，靠"为用户创造价值"生存，没有中间环节，没有信息损耗，因此能对市场需求的变化做出快速反应。

不过值得一提的是，小公司的目标必须与总部的整体战略目标保持一致。一方面，组织要能适应市场的变化，另一方面也要有军团作战的能力。

从总部分化出来的小公司虽然具有一定的独立性，但不能是一盘散沙，各占各的山，各唱各的调。它们一定是紧密联动、目标一致的，在自身利益与总部利益相冲突时，一定是以总部利益优先。否则无法形成聚合效应，最终陷入失控局面。

一说起平台型组织，很多人头脑里会想到阿里巴巴、腾讯等互联网巨头。其实，不仅互联网企业能打造平台型组织，传统企业也能。

还有一些企业家则会陷入另一个误区，"我们的企业规模不大，还不具备做平台型组织的条件"。其实，企业无论大小，都有机会成为平台型组织。

在元气森林创办之初，其创始人唐彬森就从企业内部孵化出了各种形态的阿米巴组织，无论是在产品开发上，还是在市场运营上，各个组织都是竞合的关系。在内部赛马中，各组织的能动性发挥到极致。

每个企业家对平台型组织的认知会有所不同，部分企业家对打造平台型组织存在疑虑，这很正常。要确保战略转型成功，不一定非得要打造平台型组织，但至少要拆掉部门的墙。

拆掉部门的墙，不仅能促进团队的协作，提高解决问题的效率，而且能通过跨部门协作，带来新的思路与创意，提供一致化的客户体验，同时，它还能消除部门之间的重复工作，避免发生资源浪费的情况。

在很多人看来，拆墙就是权力与利益的再分配，会动部分人的奶酪。因此，在拆墙之前，企业领导人要与部门负责人进行深入沟通，强调拆墙的重要性与紧迫性。然后要建立跨部门的沟通渠道，制定共同的目标，构建共享资源的机制。企业领导人要强力推进、随时关注此项工作的进展，避免产生竞争内耗、推诿责任的情况。

组织转型是战略转型前提，如果没有强大、有战斗力的组织做保障，战略转型的推进将会非常缓慢。市场是瞬息万变的，如果转型速度跟不上市场变化，所谓的转型也就停留在纸上而已。

思考题

你的企业对人才的重视是如何体现的?

企业的股权分配应该怎样构建?

请结合本章的阅读感受，写出收获和行动改善、计划思路关键词：

1

2

3

4

5

发送阅读思考作业给作者，获得咨询问答和互动。

第十章
转型落地

    战略转型是一项系统性工程，是整个公司的大事。在确定好战略方向、设计好商业模式、重组好组织架构之后，就到了战略落地的阶段。如果将转型战略一一拆解，就会发现，战略要完美落地，离不开以下几个环节。

方向落地：抢占用户成为行业第一

    战略转型的第一步是定方向。

    很多企业家感叹，过去各行各业都很好做，现在做什么都很难！改革开放的头四十年，人民消费水平不断提高，市场规模持续扩大，到处都是机会。现在，人口红利日渐消失，商品日渐过剩，同质化竞争更加激烈，蓝海市场变成了红海市场。如果还是用老眼光看待新市场，当然就会越做越艰难。

因此，我们要从全新的视角去看待市场，从红海中找到属于自己的蓝海新市场。那么，到底如何去找新市场呢？有什么规律可循？

改革开放，加入WTO，城镇化，高质量发展等，都是国家重大的战略。在战略推进过程中，国家会出台大量的扶持政策，这里头就会产生大量的机会。

温氏集团为什么能成为一家千亿级的企业？相当一部分原因，源于国家政策。温氏集团前董事长温鹏程参加全国人民代表大会时，敏锐地洞察到国家要抓环保这一重大政策信息。会议结束后，他决定将环保当作公司的战略来抓。当他向公司管理层提出这一设想时，得到的是一致反对的声音，但他力排众议、果断决策，大力推动环保改造计划。结果证明他是正确的，不久之后，环保不合格的养猪场大量倒闭，猪肉价格暴涨，温氏集团迎来了快速增长的时机。

在20世纪90年代，一些成功的企业家每天必看《新闻联播》。从新闻的只言片语中，他们能敏锐地嗅到政策风向背后的重大商机。

在各种场合，我们会经常听到这两个词语：朝阳产业、夕阳产业。雷军的风口论，说的就是当你身处朝阳行业，就能顺势崛起。这两年，风口论备受争议，但不可否认的是，增长机会往往蕴藏在朝阳产业中。

什么是朝阳产业？一般来说，有重大技术创新的行业，都是朝阳行业，例如新能源、人工智能等。新的技术革命，改变的不是一个行业，而是整体产业生态。新能源汽车的发展，不仅带动了电池行业的发展，而且带动了物联网在汽车行业中的普及应用。人工智能更是如此，如果它渗透到人们生活、生产的方方面面，将会产生不可预测的巨大影响。这其中蕴藏着多少增长机会，不言而喻。

当然，定方向不是彻底改换车道，也不是换行转行，而是基于对行业大势、消费风潮的准确把握而对发展方向进行调适。

定方向，首先要做的是，识别品类的机会。很多人把品类和行业相混淆。品类代表了目标用户购买某种商品的利益点，即一种消费者的需求。成功的品牌，往往是品类的代名词，例如可口可乐，是可乐的代名词；农夫山泉，是矿泉水的代名词；温氏，是鸡的代名词；特斯拉，是电动汽车的代名词。

某种程度上，品类需求决定了品牌的天花板。例如，人们对电动车的需求有多大，决定了特斯拉的天花板有多高。品类有大小，赛道有宽窄，需求有强弱。由于企业经营看的是长远，如果在某个品类中，无法获取长期利益，不能建立强势品牌，那么这个品类也许不值得进入。

品类的发展是一个动态变化的过程，随着技术的进步和消费的升级，某些品类会由弱变强，而另一些品类则会由强变弱。例如电风扇是一个由强变弱的品类，而空调则相反，是一个由弱变强的品类。

在面对品类赛道选择时，很多企业家陷入两难的境地。选择进入强势品类，虽然水大鱼大，但竞争太激烈，门槛太高；选择进入弱势品类，虽然门槛不高，但似乎没有什么前途。这样的顾虑，貌似有道理，但没有把握品类选择的本质。

无论品类强弱，都有大量的市场机会。在面对多个选择时，应将内部优势与外部需求放在一起考虑。

冰箱是强势品类，但也是家电行业中竞争异常激烈的一个细分市场，但在冰箱这个品类下面，仍然可以分化出红酒冰柜、雪茄冰柜、冰吧等细分品类出来。这是家电巨头们不太关注的领域，如果你的企业有产品研发上的优势，就可以进入到该细分市场，成长为强势品牌。

弱势品类也有大量的机会。水果是一个弱势品类，能叫得出名字的水果品牌少之又少，再加上水果的品类繁多，加起来可能有一万种水果品类。百果园通过强大的供应链管理，汇聚全球优质的水果，打造了一个强势的渠道品牌。

文具和水果一样，也是一个弱势品类。晨光通过打造强势品牌，将业务覆盖到办公文具、学生文具、书写文具等多个领域，实现了高速增长。3M 也是如此，它的成功模式与晨光几乎一模一样。在弱势品类中，建立强势品牌，也会有巨大的发展机会。

在强势品类里找细分市场，在弱势品类里建立强势品牌，是企业转型的两大思考方向。

第一，要向上升级。中国人民大学教授施炜有一个鲜明的观点："过去三十多年，国内外的市场规模都一直在膨胀，企业追求规模，都想着迅速做大。但是现在市场在收缩，企业再追求规模目标就不划算了，一定要转向附加价值目标。"

第二，这个附加值可以是功能上的附加值，也可以是心理上的附加值。中国有很多贫困山区，有很多具有特色的农产品，但由于没有形成品牌效应，销量不佳，当地农民也赚不到什么钱。如果对这些农产品进行品牌化升级，就会摆脱内卷的局面，帮助当地农民摆脱贫困。

第三，向微笑曲线的两端移动。微笑曲线告诉我们，产业链两端——研发与销售的附加值最高，中间——生产组装的附加值最低。对于绝大多数制造型企业来说，占据产业链两端的有利位置，就能掌握市场的主动权。

这两年，美国一直对我国半导体行业"卡脖子"，进行技术封锁与围堵。我国的半导体企业要突出重围，唯一的办法就是向微笑曲线的研发端移动，在技术上做大做强，摆脱对欧美发达国家的技术依赖，这样才能获得持续发展。

第四，不断放大竞争优势。企业能在激烈竞争的市场上生存下来，一定有其他企业不具备的竞争优势。企业在战略转型时，要将这个竞争优势不断放大，直至成为护城河。

施炜教授认为，企业的竞争优势可分为初、中、高三个层级。其中，营销优势、成本优势为初级优势；系统优势、技术优势为中级优势；产业链优势、生态链优势为高级优势。

温氏集团就是一家有着高级优势的企业，它不仅是养鸡行业标准的制定者，而且是养鸡产业生态的构建者。近年来，温氏集团不断放大自己的优势，构建了一个全产业链、现代化的农牧企业集团。

一旦产业链优势形成，就会形成竞争壁垒，其他企业难以在短时间内撼动。

第五，打造命运共同体。在全球化时代，产业链分工越来越细致，没有一个企业能脱离外部力量独立生存。未来的竞争，不再局限于企业与企业之间的竞争，而是企业生态与企业生态之间的竞争。

TCL 创始人、董事长李东生认为，未来企业之间的竞争是生态的竞争，"独行快，众行远，一个良好的生态可极大增强产业的韧性，实现产业可持续发展，有效面对经济风险和下行压力"。

从 2021 年开始，TCL 就推出了全球生态合作发展战略"旭日计划"，启动联合研发项目超过 90 个，建立联合实验室 17 个，国家级创新平台 11 个，推动成立产业生态联盟 7 个，在智能终端、半导体显示和新能源光伏领域推动制定标准超 20 项。

仅在惠州一地，TCL 投资百亿打造了一个半导体显示产业链、超高清显示产业集群，带动惠州市配套企业超 350 家。这些生态链企业为 TCL 构建一道既深且宽的护城河。

在成熟的生态系统中，成员企业优势互补，能提供更加多元的产品与服务。当市场环境发生巨变时，生态系统里的成员企业能相互扶持，系统内的产品和服务能够互相支持，分散竞争风险，增强抗风险能力。

为了与阿里巴巴相抗衡，腾讯与京东、唯品会、拼多多、美团、58 同城等互联网巨头一起，构建了一个强大的腾讯生态圈，极大地提升了它在电商领域里的话语权与竞争力。腾讯对生态圈中的成员企业提供流量、资金、用户等方面的支持，帮助成员企业不断发展壮大。同时，生态圈里的成员企业通过流量反哺，形成集聚效应，进一步让腾讯生态更加强大。

产品落地：打造爆款产品

业绩增长是战略转型成功的标志，而让业绩增长的最有效途径则是打造爆款产品。

在物质充裕的时代，商品日趋同质化，获客成本越来越高，打造爆款产品的难度越来越高。尽管如此，我们仍然经常看到很多新产品，一出道即为巅峰，在很短的时间内就成销冠。它们掌握了哪些秘诀？

在打造爆款产品之前，我们首先要避免踩入误区，扣好衬衫的第一粒纽扣。否则一错皆错，满盘皆输。

很多企业家想当然地认为，只要是物美价廉的商品，消费者就一定会购买。持有这样观点的企业家，依旧是以企业为上帝的视角来看待消费者的需求。本质上是漠视消费者多层次需求的表现。

根据马斯洛的需求层次理论，消费者有多重的需求，除了追求产品的功能价值，也追求产品所带来的精神价值。如果把产品对消费者的需求满足，直接简化为"物美价廉"，显然忽视了产品对消费者精神层面的满足。

很多时候，物美价廉的产品不见得比物美价优的产品更畅销。后者如果满足了消费者更深层的精神需求，他们就会把价格放在第二位。在贵州茅台镇，有很多品质卓越、价格便宜的酱香型白酒，但它们的销量都比不过卖数千元一瓶的飞天茅台。关键原因不在于价格，而是在于价值。喝茅台飞天，已成为一种身份的象征，是重要的社交媒介。消费者为了获得这一价值，愿意接受更高的价格。

当今时代，是消费主权时代，消费者才是掌握产品销量密码的人。因此，企业家需要将"企业上帝视角"切换成"用户上帝视角"。那些成功的爆款产品，无一不是以用户上帝视角来打造产品底层逻辑的。例如瑞幸咖啡的超级爆品生椰拿铁，它既包含了椰子的营养、咖啡的提神，又通过椰子的香味中和了咖啡的口味，具有独特的口感。这个产品上市之后，成了超级爆品，为瑞幸咖啡带来了近10亿元的销售额。

因此，所有的战略转型，要以用户为中心，生产、渠道、体验的创新都要围绕用户而展开。管理学家普拉哈拉德（C.K.Prahalad）在《消费者王朝：与顾客共创价值》中有一个观点："以公司为中心"的创新方式日渐消亡，未来的竞争将是由消费者与企业共同创造价值。

在人—货—场的经典架构中，人是一切，没有用户，所有的商业模式都不成立。无论是2B的工业品，还是2C的消费品，都要围绕最终的用户进行创新。货、场是为最终的用户进行服务的。产品创新、渠道分销、终端体验，都是为了满足用户的需求。

在数字时代，"货"不再是过去意义上标准化的产品，而有着极为丰富的内涵。某种意义上，"货"是一种解决方案，它不仅包括产品，还包括服务。当产品同质化到一定程度时，服务就成为超越竞争的有力武器。

三只松鼠诞生之前，人们买核桃的时候，得到的只是一盒核桃而已。三只松鼠发现，许多女性由于缺乏剥开核桃的工具而无从下手，最终放弃购买。

洞察到这一消费痛点后，三只松鼠为消费者提供了一套吃核桃的整体解决方案：不仅附赠一个剥核桃的工具，也会附赠果壳袋、封口夹、湿纸巾等。让消费者无须为剥核桃这件事感到担心，专心享受核桃的美味。三只松鼠卖的不仅仅是核桃，而是一整套吃核桃的解决方案。三只松鼠颠覆了人们过去的体验，被无数用户所"安利"。

通常来说，爆款产品击中的是消费者的痛点。例如微信红包，满足的是人们过年发红包的需求；元气森林气泡水，满足的是零糖零卡的健康需求；滴滴打车，满足的是人们打车难的需求。要找到消费的痛点，一个有效的方法是与用户打成一片。

在营销界有句名言："在汽车出现之前，人们只需要一辆更快的马车。"成功的企业是引领消费者需求，而不是迎合消费者需求。在很多情况下，消费者其实也不知道自己想要什么。如果企业把目光投向竞品，渴望从竞争对手中找到解决之道，那么很难得到真正的答案。

在苹果手机诞生之前，大多数消费者需要一部电池更耐用、更抗摔的功能机；在特斯拉诞生之前，大多数消费者需要一辆性能更好、空间更大、价格适中的燃油车。某种程度上，苹果与特斯拉，引领消费者向前奔跑，激活人们内心深处最隐秘的需求。这一需求，原本消费者是没有的，苹果与特斯拉将它激活了。

在产品开发中最容易犯的一个错误，是对完美的追求。产品经理会耗费大量心血，试图去开发一款无论在功能上还是在设计上都非常完美的产品，觉得这样的产品才是消费者所需要的。其实并不是，苹果手机刚诞生的时候，电池极不耐用，用不了一天就没电了，但这并不妨碍它成为一款伟大的产品。特斯拉汽车刚诞生的时候，续航里程才二三百公里，而且价格超贵，但不代表人们会排斥它。所以说，世界上没有完美的产品。

腾讯曾经推出一款完美的邮箱产品，产品开发者自认为用户希望邮箱的功能越多越好，因此不断添加各种功能，最后导致整个邮箱既复杂又难用，用户并不买账。最后不得已大刀阔斧地砍掉各种无用的功能。

企业不能自以为是臆测消费者的需求，要和用户打成一片，对用户需求的"痒点"、"痛点"和"爽点"要有深入的洞察。

3M 有一个重要的用户先导机制，即让先导用户提出产品的设想，并给出成熟的解决方案。这些先导用户通常是专家、行业精英，同时也是 3M 的忠实用户，他们提出的意见往往能代表消费者的真实想法。

慕思有一个超级用户法则，每推出一款新的寝具产品，慕思都会让超级用户去体验，并收集用户的反馈并及时做出反馈。

小米最初就是靠一批智能手机的发烧友而崛起的，这些早期的粉丝为小米手机的快速迭代立下了汗马功劳，雷军因此尊称他们为小米的"梦想赞助人"。

研究用户需求、打造爆款产品，是战略转型的关键战役。企业要随时贴近用户，俯下身来倾听用户的心声，挖掘他们内心深处的隐秘需求。

唯有如此，战略转型才能更加纵深，为增长提供无限动能。

服务落地：获取顾客终身价值

过去，在经济发展水平低、居民收入有限的情况下，追求低价格、高性价比的产品是消费者选择的主流，与之相适应的是"大规模生产"标准化产品。因此，在相当长的一段时间里，大多数制造型企业并不重视服务的价值，只是把它当作促进销售的辅助工具。

随着消费者观念的变化和消费升级趋势的到来，消费者对产品品质和服务的要求越来越高。尤其是在产品功能日趋同质化、顾客需求日趋个性化的情况下，消费者不再满足于产品的使用价值与传统的购买体验，而是追求个性化、定制化的服务。

在以"开放、定制、互动、体验"等为特征的新消费时代，传统制造业原有的价值链体系正在瓦解和重构，以C2M（Customer to Manufactory，顾客到工厂）为代表的新的制造模式正不断涌现，企业开始从"大规模生产"向"大规模定制"转变，服务正在成为制造型企业获取竞争优势的重要手段。

传统产销模式下，企业只是单一地将产品卖给用户，消费者买完产品后，企业与消费者的关系就结束了。借助服务化转型的契机，企业可通过提供内容更加丰富的"产品＋服务包""定制化服务""一体化解决方案"，洞察并满足消费者深层次的需求，更重要的是，通过持续的服务，能与消费者建立长期的关系，将"一锤子买卖"变为"一辈子朋友"，最终获取用户的终身价值。

按照微笑曲线理论，由于提供服务的总成本较低，提供服务通常比提供产品有更高的利润，而且带来更为稳定的收益。在单一的产品基础上，为用户提供综合的服务解决方案，不仅能够增加用户的黏性以及良好的体验，还能通过服务的差异化创造新的利润来源。

服务化转型是制造型企业寻求突破的重要手段。学者王丹曾在《清华管理评论》中详细分析了制造企业服务化转型的三个阶段：制造时代，服务时代，后服务时代。

20世纪八九十年代，以 GE 和 IBM 为代表的美国制造企业开始了服务化转型的历程，经过 20 年的变革调整，最终成功战略转型。在此过程中，大量的制造业务被剥离，其中相当一部分业务由中国制造企业所承接，例如联想就承接了 IBM 的 PC 制造业务。2008 年次贷危机之后，中国制造业经历了需求萎缩、产能过剩的阶段。为了提升市场竞争力，以美的、海尔、宝钢为代表的中国制造企业提升服务能力，将部分制造业务转移到东南亚等国家。服务化转型的浪潮，已经到来。

海尔的服务化转型，为中国制造业提供了一个可借鉴的标杆。2012年，海尔集团意识到传统的产品导向模式已不能满足消费者需求，便开始调整战略，从单一产品制造商向提供系统集成解决方案的服务商转变，取得了良好的成效。

海尔在服务化转型过程中，企业理念从"以产品为中心"转向"以用户为中心"。海尔通过深入了解用户需求、洞察用户痛点，不断创新服务模式，提供全方位的服务解决方案。

例如，海尔推出了以用户体验为核心的"U+智慧家庭平台"，为用户提供智能家居产品和服务的整合，实现了家庭生活的智能化和便利化；通过引入数字化技术和大数据分析，海尔推出了定制化的家电产品，消费者可以根据自己的喜好和需求，选择不同的功能和款式，实现个性化定制；海尔还通过引入智能化技术和互联网平台，提供在线客服和远程维修等服务，为用户提供便捷的解决方案，提升用户满意度和品牌忠诚度。

其中，数字化在海尔服务化转型中扮演着重要的角色。通过实时监控和调整，它不仅提升了运营效率和响应速度，降低了成本，还加速了决策过程，使企业能够更好地应对市场变化和客户需求。

数据驱动的决策和创新，使海尔能够利用大数据分析市场趋势和消费者行为，预测需求并做出准确的决策；数字化还加强了海尔与消费者之间的互动和沟通，通过互联网平台和社交媒体，实时了解消费者需求和反馈，改进产品和服务，提升用户体验，建立长期的客户关系。数字化让海尔在服务领域取得了卓越的成绩。

联想和海尔一样，也在服务化转型上做出了巨大的努力。2021年，联想组建了全新的业务集团——方案服务业务集团（Solutions & Services Group，SSG），联想全球IT部门整体并入SSG，成为集团战略转型中的价值中枢。也是在这一年，联想正式推出专门的服务品牌TruScale，核心目标是将传统的硬件、软件、服务分散采购的模式，整合成可订阅的一站全包的服务模式，涵盖 DaaS（Data as a Service）、SaaS（Software as a Service）、IaaS（Infrastructure as a Service）到 PaaS（Platform as a Service）层，为此，联想投入巨资启动数字化转型项目，打造出端到端的完整业务能力，以赋能以服务为导向的全新业务模式。

服务化转型是一项长期战略，需要时间的积累与沉淀，IBM 花了二十年时间完成了服务化转型，美的、海尔的服务化转型也花了十几年时间。服务化转型不能急于求成，要做好全盘规划，考虑"盈利、增长、风险"之间的关系，如此，才能转型成功。

品牌落地：重新定义市场与客户

战略转型并不是一件容易的事，它涉及重新定位业务和客户，还会面临着许多挑战，如新技术的应用、人员结构的调整、竞争对手的压力、市场变化等等。如果企业不能成功地进行转型，就有可能被淘汰出局。

在战略转型中，品牌升级尤为重要。品牌影响的不仅仅是外部的消费者与利益相关者，还包括内部员工。品牌管理是一个系统性的工程，它必须要将内部愿望、市场期望统一起来。品牌向消费者所传递的精神、信念与价值，要与企业文化、价值观结合起来。某种程度上，企业文化升级，也是品牌升级的重要内容。

过去，很多企业家会窄化品牌的定义，认为品牌工作是市场部、企划部、品牌部等部门的事，只要做出好的文案、好的设计、好的传播，品牌就会强大起来。

这是一个很大的误区，品牌是一把手工程，需要各个部门紧密配合，每一个部门、每一位员工都是品牌价值传递的窗口，如果不能内外一致，品牌就失去了它真正的意义。品牌，本质是企业精神在消费者心目中的映射。因此，品牌升级应上升到战略层面，而不仅仅是换个 logo、重新用一句新口号、换一个代言人等战术。

管理学之父彼得·德鲁克有一句名言："在企业内部，只有成本。"也就是说，企业外部，才创造经营成果。品牌就是经营成果的集中表现。产品有生命周期，经营有淡季旺季，但品牌不会，企业的每一个动作，不管是好的，还是坏的，都会沉淀在品牌上。如果不能将企业优势转化成品牌认知，所有付出的努力都是成本。

沙县小吃几乎遍布全国每个城市，其中，风味独特、便宜好喝的瓦罐汤，更是让沙县小吃名扬天下。相比其他地方小吃，沙县小吃的产品独特，受众面广，但是由于其产品优势未能成功转化成品牌优势，以至于人们都知道"沙县小吃"，却未能诞生一家叫得响的"沙县小吃"连锁品牌。叫"沙县小吃"的餐厅 8.8 万家，但问及哪个"沙县小吃"品牌最有名，无人能答。

我们来看另一个案例，正新鸡排店。正新鸡排以"鸡排"闻名天下，它成功地将传统鸡排美食独有的"鲜、香、酥、脆、嫩"的产品特点转化成了品牌认知，从而成为国内小食界的超级航母。其门店遍布全国

500 个城市，数量高达两万多家，远超肯德基、麦当劳。这就是品牌所带来的红利。

打造爆款产品固然重要，但更为重要的是，要沉淀品牌资产，在消费者心目中形成第一认知。全中国养鸡场不计其数，但人们首先会想到温氏；全中国空调品牌有很多，但人们首先想到的是格力。这是一个商品过剩的世界，每天都有很多新产品出现，也有很多老产品消亡。一些曾经风靡一时的产品，没过多久就会烟消云散。这是正常的自然规律，再爆款的产品也有寿终正寝的一天，延缓这一天的到来，最好的办法是打造强势品牌。

战略转型的一项关键任务是品牌升级。品牌升级，不是颠覆消费者的固有认知，也不是重新改换赛道，而是重新定位自身的业务和目标客户，更新品牌形象，提升品牌的价值和竞争力。品牌升级不是将洗澡水和孩子一起倒掉，而是打造一个更加强势的品牌。

那么如何进行品牌升级呢？我们认为要从以下两个方面入手。

一是重新定位品牌。

重新定位，实际上确定品牌的核心价值和差异化特点，与目标客户的需求和偏好相匹配，从而为品牌创造新的竞争优势。重新定义消费者的需求，并在品类中找到自己的位置。成功的品牌往往能用一句话回答"你是什么"的疑问。

如果问"优衣库是什么"，多数人会回答是卖衣服的。但如果问"无印良品是什么"，就没有一个标准答案。不可否认，无印良品是一个非常成功的品牌，但是人们无法准确描述它的品类属性，这就证明它在消费者心目中并非首选。从销售业绩上，也可以看到两者的差别，优衣库的服装销售额比无印良品高出很多倍。

同样的逻辑也可以应用在 LV 身上。如果问"LV 是什么"，绝大多数人的回答不会是手袋，而是奢侈品。如果问"卡萨帝是什么"，大部分的回答不会是家电，而是高端家电。这些品牌已超越行业属性，独立成为一个全新的品类，牢牢地占据了消费者的第一心智。

从上述两个例子就可以看出，重新定位是要让品牌在消费者心智中占据一个位置。当消费者需求被激活时，就会第一时间联想到这个品牌。即便没有明确的品类属性，也要像 LV、卡萨帝一样，有一个明确的价值定位。这种价值定位必须非常明确，不能模模糊糊。

二是品牌形象升级。

品牌形象的更新与升级，能帮助企业更好地适应客户的需求，重新树立品牌形象，建立良好的声誉。这需要从多个方面进行，包括品牌标志、品牌色彩、品牌语言、品牌广告、品牌包装等等。

品牌升级不是给自己看的，而是让用户感知到品牌形象的升级，并且得到他们的认可。如果只是企业的一厢情愿，消费者体验没有任何变化，那么品牌形象的升级就是失败的。

很多企业家将品牌升级与换 logo、换包装、换广告语画上等号，事实上品牌形象升级的内涵远不止于此。品牌体验带给消费者是一个综合的观感，不仅仅局限于视觉，还包括嗅觉、听觉、触觉、味觉等。品牌与消费者的五感深度连接在一起，那么就会产生极为深刻的印象。

人们进入香格里拉酒店的大堂，就会闻到沁人心脾的独特香味。香格里拉酒店开发了一个独特的香氛识别系统，只要你踏入它的酒店，这个味道就如影随形陪伴着你，闻到它，你就会产生一种温馨温暖的感觉。

每一条英特尔的视频广告结束，都会响起"咚咚咚咚"抑扬顿挫的四声音乐。每当音乐响起，你不用看画面，就知道它是英特尔的广告。可口可乐独一无二的口感，消费者闭着眼睛，只要喝一口，就知道它是可口可乐的味道。

品牌升级的终极目的，是让品牌与品类产生深度的联想。品牌形象，是品类的形象化表达。看到十字纹，你第一时间就会联想到LV；看到蒂芙尼蓝，你就会联想到蒂芙尼。将品牌信息植入消费者的五感体验里，是品牌形象升级的重要目标。

在品牌升级时，企业需要保持品牌调性的一致性和稳定性，切莫推倒重来。一百多年来，LV从未彻底丢弃它的经典十字纹；可口可乐虽然被人诟病不健康，但它从未试图彻底改变它的口味。确保新的品牌形象符合品牌核心价值，在不失品牌特色的情况，让品牌形象更加符合目标消费者的完美标准，是品牌升级工作的关键所在。

可惜的是，很多企业在升级品牌形象过程中，喜欢推倒重来。虽然品牌形象变得更美了，但也让消费者产生了陌生感和距离感。这就有点得不偿失了。如果是消费者熟知的品牌，那么在品牌升级的过程中，做好各方面的平衡。

做到上述两点，是否就万事大吉了呢？当然不是。企业要对品牌升级的成果进行量化评估，并依据量化指标的表现，来调整各项品牌工作。

品牌升级的量化指标主要有五个：品牌知名度、品牌美誉度、品牌忠诚度、品牌价值及品牌资产。其中，品牌价值衡量的是品牌升级对业绩增长、市场份额、行业地位带来了哪些影响；而品牌资产则衡量的是品牌升级对无形资产增值、产品溢价带来了哪些影响。这五个指标，成为衡量品牌升级成果的关键性指标。

瑞士军刀最初是一款实用的多功能工具，后来它通过与时尚设计师的合作不断升级品牌，一跃成为备受年轻人喜爱的时尚配饰品牌。野兽派最初是一个鲜花店，它通过持续的明星事件营销，提升品牌价值，打破产品的局限，成功延伸到配饰等领域，成为轻奢礼品领域的代表品牌。

在这两个案例中，战略转型与品牌升级几乎是在同时发生的。它们通过不断创新，重新定义品牌定位，升级品牌形象，提高品牌价值和市场竞争力，从而实现顺利转型。

数字化落地：从业务场景出发部署数字化

说起战略转型，人们脑海中自然会跳出另一个词语：数字化转型。在很多公开场合，企业家都习惯将"数字化转型"挂在嘴边，仿佛不做数字化转型，企业似乎没有未来。

在言必称"数字化转型"的今天，很多企业家把它当作是护身神符，似乎有了"数字化"护体，就能经受所有考验。还有一些企业家为了不落后于人，开始超前布局，砸巨资投资数字化系统。

根据 Gartner 公司的统计，成功的数字化转型能让企业效率提升 20 ～ 25 倍；但这个过程中有超过 80% 的企业将会失败。埃森哲曾对 30 多家企业高管做过深入访谈，最后总结出数字化转型面临最大的挑战有三个：战略缺位、能力难建、价值难现。

在我们看来，数字化转型固然重要，但它只是一种"术"，它必须在战略的指引下实施。数字化是转型战略的一个有力武器，不是终极目标。市场竞争犹如战场杀敌，先进的武器固然重要，但正确的战略和战术才是核心。未来愿景不明，战略规划不清，转型方向未知，就着急忙慌地上数字化项目，结果就会造成数字化的孤岛，形成决策的"肠梗阻"。

全面数字化转型，耗时耗力耗资金，短期很难看到成效。对于偏重于用户购买、体验链路的企业来说，不需要太过于复杂、冗长的数字化建设。大而全的数字化解决方案，如同杀鸡用牛刀，不仅会造成资源的浪费，而且把简单的事情复杂化，让组织流程变得冗长、决策更加缓慢。同时，由于企业缺乏相应的专业人才与运维能力，使得数字化难以发挥应有的作用，最后成为半吊子工程，甚至是烂尾工程。

数字化转型是一个风险极高的工程，尤其是对传统行业的中小企业来说，更是如此。数字化转型，好比一台大手术，需要经历战略设定、工具应用、平台集成、数据分析等阶段。

最现实的做法是，先将关键业务场景进行数字化。实施成功之后，再进行业务的数字化；当业务流程实现数字化之后，再启动全面的数字化转型。从点到线再到面，循序渐进分阶段实施，才能让数字化转型的工作真正落地。

数字化的目的，不是为数字化而数字化，而是要从业务场景出发，建立数字化转型的路径。

对面向 B 端的工业企业来说，则要把业务流程拆解成一个个小切口，通过一个个的数字化流程小场景，串联成一个业务大场景。华为将整个业务场景的数字化总结为：小切口、大切面。

2014 年，长庆油田携手华为，计划打造数字油田建设。基于油田业务场景，华为提出了几个关键问题：如何在钻井场景下，提升钻井速度？如何在原油分析场景下，提升能源质量？如何在油气生产场景下，确保生产安全，减少人工依赖，提高投入产出比？

在这一思路指导下，华为将钻井、录井、测井、试油气、分析化验、油气生产等 19 个数字化场景，串联成两大业务平台——"智慧低碳井场"与"油气人工智能平台"，构建了一个集油气开采、设备运维、人员管理、数据分析为一体的数字化模型。

数字化转型后的长庆油田，迎来了产能和效益的新高峰。2022 年，长庆油田油气产量从 2007 年的 2000 万吨级跃升到 6500 万吨级，创造了中国油气田最高纪录，占全国油气产量的 1/6，但其用工总量反而从 7.9 万人降至 6.7 万人。

对面向 C 端的消费品企业来说，数字化的目标就是利用最新技术改进客户流程体验。需要打破部门边界，以客户体验为出发点，对客户决策、购买、体验、售后的整个链路进行数字化改造，为客户持续创造价值。

例如在保险理赔时，涉及客服、查勘、理赔、风控、财务、IT 等流程，而且牵涉的部门非常多，通过数字化建设，不仅能改变跨部门协作带来的理赔拖延滞后难题，而且能大大缩短理赔的时间、提高理赔的效率，为客户带来良好的理赔体验。

由于数字化转型投入大、风险高，为了提高成功概率，企业领导人要树立两个关键原则，一是抓关键业务，二是抓关键流程。在两个关键之处，企业可通过先行先试的方式，检验数字化的成效。

例如，面向 C 端的消费品企业，可以在数字化营销、电子商务等业务上进行试点。一方面，这些属于企业的关键业务，与业绩紧密相关，数字化成效效果可衡量；另一方面，这两个业务的数字化较为成熟，部署时间短，很快就能看到效果。

在先行先试的过程中，企业应该以速度为优先来部署数字化。数字化时代，比拼的是速度。过于复杂的数字化解决方案，会因为开发周期长，很容易被新的解决方案所替代。同时，由于客户需求是多变的，如果迭代速度太慢，今天部署的解决方案，到明天也许就过时了。因此，企业要以快速验证、不断迭代、小步快跑的方式，快速推动数字化转型的进程。

数字化转型充满了不确定性，为了确保数字化试点成功，企业成立专门的数字化转型委员会，充分授权数字化转型团队，并给予大力支持。数字化转型，难度大，任务重，企业最高领导人要对转型团队有一定的容错度。在数字化试点成功之后，企业要召开复盘会，总结经验，输出方法。有了成功先例，企业内部更容易达成共识，也更容易获得企业高层的支持。

从点到面的试点成功后，公司内部要总结出一套数字化转型的成功方法论，着手研究全面数字化转型的可能性。随后，就要制定系统化的数字化转型方案，包括战略、产品、营销、渠道、组织、生产、运营、管理、人才等模块。企业最高领导人要深入参与方案的设计，强力推进数字化转型步入"深水区"。

仅靠第三方公司提供的数字化解决方案，是远远不够的，企业要着力培养数字化的专业人才，建立数字化人才梯队，培育数字化文化。在战略转型中，每个企业都要有一支数字化团队，否则战略转型效果会大打折扣。

思考题

客户在哪里？是谁？他们的生活价值观是怎样的？

你的顾客会长期回购吗？

请结合本章的阅读感受，写出收获和行动改善、计划思路关键词：

1

2

3

4

5

发送阅读思考作业给作者，获得咨询问答和互动。

第十一章
转型误区

过于强调颠覆性创新

一直以来，很多企业家认为模仿创新很低端，更有甚者把它与抄袭相提并论，仿佛企业一旦采用模仿创新，就会贴上一个不好的标签。

如果有两条路可以选择，你会选模仿创新，还是自主创新？大多数的企业家都会选择后者。但是带给企业惨痛教训的，也是后者。

自改革开放以来，中国企业经历了从模仿创新、整合创新到自主创新的阶段。其中，模仿创新是大多数中国企业创新的基本方式。

模仿创新为中国民营经济的崛起做出了巨大的贡献。华为通过模仿创新，一步一步成为世界级的通信巨头；腾讯、百度、阿里通过模仿创新，成为全球互联网的头部企业；蔚来、小鹏通过模仿创新，成为中国新能源汽车的中坚力量。

不仅仅是中国企业，许多国外的知名企业也是靠模仿创新而成长起来的，例如百事可乐，就是靠模仿可口可乐而快速成长起来。中国建材集团有限公司董事长宋志平对模仿创新有一个形象的类比："在婴儿时代得学会爬，然后再慢慢学会走路，之后才能稳健跑步。"他认为，企业处在婴儿时期，首先应选择的是模仿创新，而不是颠覆式创新。

他认为，国际上十几年甚至二十年才有一次颠覆性创新的机会，例如互联网、智能手机、人工智能、新能源汽车等。在颠覆性创新的过程中，只有少数企业成长为伟大的企业。绝大多数的传统行业，仍然是通过持续性创新来获得增长。

例如饮料行业，十年来都未出现过颠覆性创新的技术，即便是黑马品牌元气森林，也是模仿日本的饮料品牌；它所采用的主要原材料赤藓糖醇，也并不是什么颠覆性的新科技、新材料，早就在市场存在。某种程度上，元气森林通过模仿创新，将日本饮料品牌的成功做法，拿到中国重新做了一遍。

几十年前，一代伟人就告诉我们：不管白猫黑猫，抓到老鼠就是好猫。所以，只要是符合市场需求的创新，都是好的创新。当然，企业发展到一定阶段、具备相当的实力，是可以展开自主创新的。

转型就是推倒重来

很多企业家一谈起转型，就以为是转行，看到什么行业火就去搞什么，完全不顾及原来的主业。

这其实是对转型的重大误读。战略转型，是要求企业在熟悉的领域力争做到最后，而不是换道超车，改弦易辙。

2000 年的时候，纳米概念如日中天，很多企业都跑去做纳米了；2017 年的时候，石墨烯概念开始火了，那些企业又跑去做石墨烯了。这些有极高技术门槛的行业，不是菜园子门，说进就能进的。

对中小企业来说，经过长期的苦心经营，业务刚走上正轨，当然不可能放弃自己的主业，推倒重来。如果这么做，无异于自毁长城。

正确的转型方式，并不是推翻主营业务，而是开辟一个新的业务线，培育新的利润增长点。卡萨帝就是海尔转型的产物。在发展的头几年，卡萨帝每年都会产生巨大的亏损。但海尔保持了战略定力，持续扶持卡萨帝的成长。如今卡萨帝已成为高端家电的代名词，为海尔带来了近 260 亿元的营收。

当然，新的业务线要与传统主营业务形成协同效应，不能是永远不相交的平行线。可口可乐在战略转型时，推出了芬达、雪碧等碳酸饮料，与可口可乐形成了极强的协同效应。假设可口可乐发展新能源汽车，不仅形成不了协同效应，而且增加了失败的概率。

停止增长才需要转型

我们常常听到企业家这样询问：我们的业务还在增长，为什么要转型？话里话外的意思是，只有停止增长的时候，我们才需要转型；否则，转型会影响业务的发展。

转型，最大的作用，不是解决当下的问题，而是解决未来三到五年的问题。中国有句老话，盛极必衰。产品生命周期理论告诉我们，产品会经历诞生、成长、成熟、死亡的过程。当某个产品增长到一定程度时，我们就要未雨绸缪，寻找一个增长极。企业发展是一个动态平衡的过程，企业要获得稳定的增长，就要持续打造爆款产品，让销售持续达到小高潮。

不少企业家幻想，靠一款产品打天下。这几乎是不可能的。像可口可乐这样的长青产品，可以说是少之又少。更何况，可口可乐也在不断推出新的碳酸饮料，以扩大市场份额。企业家有这种想法会非常危险，这会将企业带入"温水煮青蛙"的危险困境。

其实，业绩增长的时候，正是转型的良机。此时员工士气高涨，企业领导者树立了较高的威望，能够强力推动转型，企业也有实力进行转型。

一旦企业增长下滑，企业上下会为业绩疲于奔命，领导和员工整天都在救火。企业挣扎在生存边缘，哪有多余的精力去思考转型；即便想要转型，也是有心无力。此时，企业内部人心涣散，领导者的威望大打折扣，此时转型，已晚矣！

转型是老板的事

在进行战略转型咨询的时候，我们经常与企业高管交流，发现不少高管有一种鸵鸟心态。老板认为转型迫在眉睫，高管却认为老板在杞人忧天。两者对转型的认知，存在天壤之别。

最佳的转型时期，一般是在业绩表现最好的时候。这个时候，整个团队士气正旺，如果老板突然对员工说"我们不转型，下一刻就会死掉"，员工必然会投来怀疑的目光，在心中打下一个大大的问号：太夸张了吧？

即便是老板强力推进，员工也只是被迫服从，但在心底对转型并不认可。

哈佛大学终身教授约翰·科特认为，企业变革成功的最佳路径是"目睹—感受—变革"，而失败的变革则采取了"分析—思考—变革"的路径。

成功的转型，一定要触动灵魂。要让员工对转型有深刻的认知，就必须让他们亲眼目睹、亲身感受。

1984年，张瑞敏一怒之下砸掉76台冰箱，砸出了一场轰轰烈烈的质量变革。2000年，任正非一篇《华为的冬天》让华为上下振聋发聩，而此时的华为正是如日中天，位居全国电子百强首位。

张瑞敏、任正非看起来是"小题大做"，实质上是要让员工目睹危机，感受危机，展示变革决心，触动他们的灵魂，营造一种紧迫感。他们花最小的代价凝聚了员工共识，仅从这一点上看，不可谓不高明。

组织转型往往是企业最高层发起，中基层遵照指令执行。正所谓屁股决定脑袋，所处位置不同，对转型的看法当然不同。更何况，战略转型本就是将企业带向未知的领域，成功还是失败，谁也无法预料。

当员工尚未形成共识时，匆匆进行战略转型，只会产生不好的结果。因此，获得转型共识，比转型本身更重要。同时，要用愿景激发人们的精神动力和物质动力。当年一句"打土豪，分田地"的口号，点燃了无数佃农的梦想，于是一场场"星星之火，可以燎原"的革命在全国迅速展开。战略转型也是如此。

转型就是 "all in"

在面向转型时，很多企业家会抱着一种 "all in" 的赌徒心态，认为转型是灵丹妙药，能让企业起死回生，即使赌上身家性命，也要转型到底。

联想创始人柳传志有一句名言："踩实了就跑。"再好的战略都要试点，都要接受市场的检验，否则就会踩空，摔个大跟头。

在互联网界，有一个著名的 "A/B 测试" 法则。也就是说，在面临重大转型抉择时，会抛出 A/B 两个方案，让两个方案都接受市场的检验。综合表现好的方案，全公司会力推之；表现差的方案，则不会推向市场。

企业在面对转型时，也要如此。既然转型如此重要，就要慎之又慎。通过小范围的试点总结经验，获得正向反馈之后，就可以适当加大投入，一步步将转型推向纵深。

许多转型失败案例有一个共同特征：未经市场验证，就匆忙上马。2015 年，曾经红火一时的一丁集团破产倒闭。一丁集团靠卖组装电脑和配件起家，靠着市场红利，一度成为 "中国连锁百强"。意识到危机后，一丁集团主动转型，开始在卖场内进行物联网布局。

照理来讲，转型的方向是对的，如果按部就班地进行，转型应该会取得好的效果。让人没有料到的是，一丁集团一出手就是 "all in"。它耗费巨资在全国各地建立了大量的智能生活体验馆，并向世界宣告要打造零售新物种。由于没有试点验证，一丁集团砸下去的巨额资金，不仅没有拉动销售的增长，反而将企业带入困境之中，最后不得不破产。

缺乏验证的战略转型具有很高的风险。如果一意孤行、赌上一切，一旦失败，后果不堪设想。

很多企业家在公众场合经常提"all in"，其实是在给创业者不好的示范。真正的"all in"，一定不是赌命一搏，而是经过不断试点验证后对未来方向的笃定与坚持。

思考题

企业转型的误区有哪些?

什么是正确的转型方式?

请结合本章的阅读感受，写出收获和行动改善、计划思路关键词：

1

2

3

4

5

发送阅读思考作业给作者，获得咨询问答和互动。

第十二章
转型案例

华为战略转型案例

从成立到现在，华为经历了三次重大的战略转型。在其历次转型的战略制定与调整当中，"活下去"是华为始终坚持的最高目标，同时也是华为战略目标的最低标准。从华为的三次战略转型中，我们可以洞察到华为转型战略转型的底层逻辑。

第一次转型：服务化转型

华为在初创期，遵循的是农村包围城市的发展战略。

在华为初涉通信领域，诺基亚、爱立信、摩托罗拉、西门子、富士通等国际巨头几乎垄断了整个通信市场。当时，相比国际巨头，华为的研发实力不够雄厚，一些追求产品稳定性和品牌公信力的企业也不敢轻易使用华为研发出来的交换机。迫于现实压力，弱小的华为只能从农村市场切入。

为了弥补技术上的短板，华为对服务极为重视。与国外大厂不同的是，不论客户大小，华为非常重视客户的感受。任何一款产品在开发出来之后，首先要得到客户反馈，并据此进行不断的完善与调整。

在不断迭代的过程中，华为逐渐从小型交换机开始，慢慢地进入中型、大型交换机领域。由于服务到位，华为从农村市场逐渐向城市市场拓展的脚步也十分迅速，在几年之内就占有了非常高的城市通信市场份额。

第二次转型：国际化转型

1998 年左右，华为启动第二次战略转型。

当时，华为的交换机产品在国内已经占据了主导地位，国内市场趋于饱和，增长天花板已经出现。海外市场就成为最佳的战略选择。一方面，国际化能为华为创造新的增长来源；另一方面，它能帮助华为分散国内市场的竞争压力。

由于华为的交换机经过了国内市场的检验和锤炼，证明是被市场接受的，拿到海外销售难度并不高。与此同时，华为在市场实战中，打造了一支能征善战的狼性团队，组建了以客户经理、解决方案经理、交付专家为核心的 "铁三角" 架构。他们完全可以直接走到海外，进行市场的拓展、销售以及产品的服务和维护。

与此同时，华为还引进了 IBM 的 IPD\ISC 管理流程，制定了《华为基本法》。这为华为出海奠定了基础，创造了有利条件。

国际化并不是简单地将产品卖出去，通信产品不同于其他产品，它涉及大量的服务，如果管理体系未能跟上，就可能导致服务出问题。可以说，企业价值观的确立、科学管理的建立，促进了华为的第二次战略转型。

第三次转型：进军 C 端

过去，华为的主要客户是运营商，如中国电信、中国移动、中国联通等。在此次转型中，华为确定了要进军 C 端市场（即消费者市场）的重大战略决定。

最初，华为的计划是面向运营商做定制类的手机终端产品，但定制机型号众多，价格极低，利润空间很小。经过一段时间的痛苦摸索后，华为决定对消费者 BG（Business Group，业务集团）进行重大变革，砍掉定制机业务，全力发展自有品牌的手机业务，整个产品体系聚焦三大系列，即 MATE 系列、P 系列以及荣耀系列。

在进军 C 端时，华为在一开始交了一定的学费，也走了一定的弯路。确定了转型思路后，华为通过打造爆款手机产品，实现了从低向高的转型。近两年来，华为受到了西方发达国家的打压和围堵，但没有改变华为的品牌调性。

通过 C 端的转型，华为走向高端品牌的行列，沉淀了巨大的品牌资产。在强大品牌势能的牵引下，华为的企业 BG 业务也有所斩获，尤其在新能源汽车领域。

华为的三次成功转型，都踩在正确的点上。在全球范围内，能够同时做好运营商 BG、企业 BG、消费 BG 的通信企业极为罕见。这三个业务，在研发流程、产品交付、市场营销、售后服务等方面都有着天差地别。如果没有强有力的管理与执行，是很难做到的。例如通信巨头爱立信，曾推出了风靡一时的功能性手机。智能机时代到来后，爱立信彻底沉沦，不得已将手机业务卖给了索尼。

为什么华为的三次战略转型，都取得了成功？这与以下几个要素是密不可分的：

第一，强大的管理体系在战略转型取得了关键性作用，这一体系包括各种业务流程、管理体系、人才调配、干部培养等。

第二，华为所倡导的"以奋斗者为本"的文化为转型落地奠定了强有力的基础。华为的全员持股模式，就是"奋斗者"文化的重要体现。

第三，以任正非为代表的强有力的领导集体。在华为，领导力不是一种权力，而是一种能力——检视领导者对关键机会的识别能力、解决关键事务的能力、推动战略转型的能力。

第四，战略定力强，聚焦主航道。这么多年来，华为没有将精力分散到其他行业，一直专注于通信产业。这两年，新能源汽车很火，市场上一直传言"华为要造车"。对于这样的消息，华为一直在否认。任正非甚至在内部下达了封口令："谁再提华为造车，谁就下课。"这样做的目的，是为了聚焦主航道，确保这艘极速航行的航母不偏离方向。

华为战略转型四部曲

战略管理专家孙建恒曾总结过华为战略转型的底层逻辑，并用四部曲来进行归纳，即市场洞察、战略意图、创新焦点、业务设计。

在市场洞察方面，华为主要围绕五个方面来展开：一是对宏观趋势的洞察，深入研究国家层面的政治、经济、文化、社会等方面的变化与趋势，分析其将对行业发展产生何种影响；二是对客户的洞察，深入研究客户未来五年的发展方向，了解其发展战略存在哪些痛点；三是对竞争对手的洞察，对竞争对手的定位与未来发展战略进行分析，做到未雨绸缪；四是对自身的洞察，通过 SMART 分析模型明确未来的挑战与机遇；五是对机会的洞察，对市场发展空间、市场增长机会进行深入评估。

华为的市场洞察逻辑，看起来没有什么特别之处，但我们要认识到，华为汇聚了全球优秀的智库专家学者，他们的分析研究与意见建议，为华为洞察市场提供了巨大的助力。

根据市场洞察的结果，华为会制定明确的战略意图。例如未来五年，营收、利润目标将达到多少，战略目标、关键事务、市场战役分别是什么。这些战略意图不是拍脑袋的决策，而是基于深入的市场洞察，具有可实现性和可执行性。很多企业家习惯拍脑袋，制定战略目标，既缺乏数据基础，又缺少逻辑支撑，这样定出来的目标，无法凝聚共识，失去可信度，最后的结果是永远完不成目标。

接下来是根据战略意图，设定创新焦点，例如未来公司的核心业务是什么，产品如何组合，要培育哪些新业务，在组织、人力、产品和解决方案层面存在哪些创新点等。

值得一提的是，华为对创新有一定的容错度。华为接受非主观原因的创新失败，以此鼓励更多的创新。同时，所有有价值的创新都会在小范围进行试点，一旦获得成功，就会大范围推广。这与互联网企业的创新法则如出一辙。

最后是围绕客户选择、价值主张、价值获取、盈利模式、业务范围、战略控制与风险管理等多个维度，展开业务设计。

其中，客户选择最为重要。是选择 TO B 客户，还是 TO C 客户？是高端客户，还是低端客户？不同的客户，业务设计大不相同。选择好客户之后，华为会根据客户的需求和期待，明确业务的价值主张，并通过各种品牌活动、论坛峰会持续向客户宣贯。接下来是价值获取，即用什么样的产品满足用户的需求，这里的产品指包括硬件、软件、服务在内的整体解决方案。随后就是确定盈利模式，是通过服务来赚钱，还是通过产品销售来赚钱，或者是通过技术、金融来赚钱。接着要明确业务范围，即做什么，不做什么，哪些业务自己做，哪些业务交给合作伙伴做，等等。最后是设定战略控制点，也即是业务关键点的把控，例如客户关系、产品性价比、服务流程的把控等等。

华为战略转型的六项基本原则

转型战略的推动一定是自上而下的，只有一把手高度重视，才能够转型成功。在转型战略执行中，华为会根据未来五年的关键任务，制定出未来的战略里程碑，同时将关键任务落地到某个部门或某个人。为让关键任务快速落地，华为会根据情况匹配不同的资源，对组织进行变革。每隔两三年，华为就会进行组织变革，调动组织的积极性，为关键任务的落地保驾护航。

在战略转型过程中，华为始终坚持着六项基本原则：一把手亲自制定转型战略，亲自推动转型战略的落地；集中力量解决关键问题；凝聚全体员工共识；强有力地执行；重在结果；持续迭代，不断修正。

很多企业家非常重视战略转型，但是在执行上却疏于监督，也没有匹配相应的资源、制定出相应的KPI考核标准，以致战略迟迟不能落地。另有一些企业家，错误地认为转型战略能解决企业的一切难题，一次性制定好战略，就能一劳永逸。实际上，行业、客户、竞争对手随时会发生变化，企业要随时根据市场的变化对战略做出调整，而不是制订一个五年战略转型计划之后，就万事大吉了。

在华为战略转型过程中，企业文化起着至关重要的作用。以客户为中心、奋斗者文化，都是华为企业文化中的重要因素。因此，华为的战略转型紧紧围绕客户的需求而展开，激励员工深入参与到战略转型中来。企业高层在转型战略上的不断宣导，在价值观上持续的牵引，直接影响着员工对转型的态度和行为，为转型成功奠定了良好的基础。

比亚迪战略转型案例

在新能源汽车销售市场上，比亚迪是当之无愧的王者，市场地位无人出其右。在最畅销的十款车型中，比亚迪独占四席，其旗下的爆款车型秦 PLUS 单月销量曾超过 4.2 万台，成为当月的销冠。然而就在几年前，比亚迪在燃油车市场上长期低迷，其低端的品牌形象在消费者心目中挥之不去。为什么几年时间，情势发生了逆转？比亚迪到底做对了什么？

第一次转型：汽车转型

这得从王传福的创业经历说起。

1995 年比亚迪成立，员工 20 人左右。1997 年，比亚迪自主研发锂离子电池并投入量产。进入 21 世纪以后，比亚迪先后成为摩托罗拉、诺基亚的中国首家锂电池供应商。此后，比亚迪一路高歌猛进，成为名副其实的充电电池之王，市场占有率全球第二。2002 年，比亚迪在香港上市，创下了 54 支 H 股最高发行纪录。

比亚迪上市之后，王传福并不满足于现状。在他看来，仅仅做消费类电子产品的电池供应商，已经很难实现更大突破。如果直接向手机产业上下游延伸，有失去现有客户的风险。在深思熟虑之后，王传福选择进入汽车这个新赛道。

2001 年底，中国正式加入世贸组织，汽车行业正迎来腾飞时刻。

王传福敏锐地察觉到磷酸铁锂电池在汽车行业中的应用，于是果断地投身其中。

2003 年，比亚迪收购了我国西北地区唯一批准的轿车生产企业——秦川汽车，并借此获得了宝贵的轿车生产资质。2006 年，比亚迪电动汽车 F3e 研发成功，由此奠定了其纯电动汽车的江湖地位。

此后的比亚迪一路快跑。2011 年，比亚迪在深交所上市。彼时的比亚迪已在全国建成五大汽车产业基地，在整车制造、模具研发、车型开发等方面达到了国际领先水平。

成立仅 8 年的电池厂商，华丽转身，开始造车，无论怎么看，都是一场豪赌。其实，王传福志不在于燃油车，而是电动车。十几年前，燃油车一统天下，人们对电动车没有什么认知，但王传福坚信，电动车的时代一定会到来。

某种程度上，比亚迪进入燃油车领域，花费的代价有点大，绕的圈子似乎有点大。但对王传福来说，却是比亚迪弯道超车的好机会。

第二次转型：精品转型

比亚迪并购秦川汽车后，留下了一款低端车型——福莱尔，这是一款用于和长安奥拓竞争的低端车型。虽然王传福不喜欢这个车型，但为了生存的考虑，比亚迪没有怎么改进就将它投放市场。

市场反馈不如预期，自是在预料之中。之后，比亚迪决定自主研发车型。经过两年的开发，比亚迪 F3 正式上市。这款对标丰田花冠的车型，由于性价比超高，一上市就受到了车主的追捧。2006 年，该款车型成为单一车型的销冠。在 F3 的基础上，比亚迪开发出第一款电动汽车 F3e，其电动机、减速器、电池组以及 BMS 系统，均由比亚迪自主研发。

尝到甜头后的比亚迪，开始疯狂地推车型，而且每款车型都有明显的模仿痕迹。一方面山寨经典车型，一方面严控成本，追求极致性价比。在极限压力之下，比亚迪在高速增长的同时，也出现大量的质量问题。为了冲击销量，比亚迪曾推出"销售返点"政策。在此政策激励之下，经销商大量囤车。质量危机爆发后，经销商囤在手中的车变成滞销车。随之而来的是，300 家经销商集体退网，比亚迪进入生死存亡的关键时刻。

2010 年，比亚迪向经销商道歉，并做出了大刀阔斧的整改。首先是成熟车型全部降价，帮助经销商消化库存；其次是重新打磨研发、测试、生产流程，提升产品质量；接着是打造精品原创车型，如 S6、G6 等；最后是推出 4 年或 10 万公里质保。一套组合拳下来，比亚迪的声誉逐渐被挽回。

比亚迪的第二次转型，是以品质与服务为核心的转型。如果说此前的比亚迪处于野蛮生长的状态，那么经过第二次转型后的比亚迪，则进入到精细化运营阶段。

第三次转型：新能源转型

2012 年，第二次转型后的比亚迪汽车产销量达到了 45.6 万辆，取得了可喜的成绩。比亚迪的首款纯电动 MPV（多用途车）e6 开始发力出租车市场，先后在深圳、太原乃至香港等城市落地运营。

2014 年，中国政府对新能源汽车进行扶持。早早布局新能源汽车的比亚迪具有明显的先发优势，获得了巨大的增长红利。此后，比亚迪开始在公共交通市场上发力，除了主打出租车的 e6 电动汽车外，它还开发了 K9 电动大巴。由于布局超前，K9 电动大巴成为中国多个城市的公交运营主力。

2017 年，比亚迪推出了"三模战略"，即旗下所有车型都将推出燃油、PHEV 和纯电三种版本。与此同时，为了弥补外观设计的缺陷，比亚迪花费重金引进国外的汽车设计团队，赋予了该公司"Dragon Face"的全新设计语言。

随着新能源战略推向纵深，比亚迪在新能源汽车领域获得巨大的成功。从 2015 年开始，比亚迪一直是中国新能源汽车市场的销量之王。

2022 年，比亚迪正式宣布从 2022 年 3 月起停止燃油车的整车生产，专注于纯电动和插电式混合动力汽车业务。这一决定让比亚迪成为全球首个正式停产燃油车的车企。

彻底告别燃油车的比亚迪，"all in"新能源汽车。2023 年上半年，比亚迪以 125.56 万辆的销售业绩，再次刷新新能源汽车的销售纪录，并以绝对优势稳坐全球新能源汽车销冠。

比亚迪彻底转型新能源，没有人认为这是一场豪赌。从 2006 年推出第一款电动车开始，比亚迪从先行先试、小步快跑再到彻底转型，比亚迪在新能源汽车上的探索长达 16 年。

这不是豪赌，而是在天时地利人和情况下的战略笃定。从比亚迪成立的第一天开始，它的主航道就一直没有变过，充电式技术。无论是手机电池的竞争，还是新能源汽车的竞争，本质上是电池技术的竞争，而电池技术，一直是比亚迪的核心优势，也它赖以生存的生命线。

第四次转型：高端化转型

自 2006 年造车以来，人们对比亚迪的印象一直停留在"低价取胜"上，比亚迪长期困扰于此。如何走向高端市场，是比亚迪一场更严峻的挑战。

一直以来，比亚迪以出色的电池技术闻名全球，不仅得到了业界的认可，而且获得了股神巴菲特的认同。在打造品牌上，比亚迪一直心有余而力不足。为了弥补这块短板，比亚迪试图以合资的形式切入高端市场。

2014 年 3 月，比亚迪与戴姆勒各出资 50%，联合推出了高端电动车汽车品牌"腾势"（DENZA）。2014 年北京车展，腾势电动车正式亮相。不过，在接下来的几年里，腾势汽车在高端市场上的销量不温不火。

真正的改变，在于比亚迪王朝秦、汉、唐、宋、元等系列车型的推出，尤其是汉、唐两款车型的大卖，让比亚迪高端化的信心大增。汉、唐两款热销车型平均售价超过 26 万元，真正带领比亚迪实现了高端梦，也成功树立起主流中高端市场新标杆。

与此同时，比亚迪开始着力打造腾势品牌，推出了对标别克 GL8

的 MPV 车型腾势 D9 车型。虽然均价超过 40 万元，但月销破万，成为高端 MPV 市场上的一匹黑马。

更值得一提的是，比亚迪推出了豪华新能源车品牌仰望，主打百万级市场。其首款车型仰望 U8 开放预订后 48 小时订单超过 1.3 万辆，刷新了中国豪车的预订纪录，成为人们热议的"仰望现象"。

比亚迪的高端化不是一蹴而就的，而是根植于产品力之上。通过打造爆款车型，一步一步向高端迈进，直到切入百万级豪车市场，比亚迪的高端化转型宣告成功。

其实，对比亚迪走向高端市场，很多人并不看好。腾势、仰望的成功，彻底改变了人们的固有认知。撕掉低质、低价、低端的标签，比亚迪花了整整 10 年的时间。

很多企业家对打造高端品牌的心存畏惧，信心不足，认为打造高端品牌的投入太大，回报太低。这其实是一个很大的误解。只要品质优良、技术超前、战略坚定、策略得当，坚持长期主义，耐得住寂寞，高端品牌之梦就能实现。比亚迪就是一个现实的例子。

比亚迪战略转型的成功之处

比亚迪的战略转型，可以用两点概括：

一是聚焦新能源汽车。从进入汽车行业的第一天，比亚迪就投入大量资源进行电动汽车的研发和生产。通过推出一系列电动汽车、混合动力汽车的爆款产品，比亚迪奠定了新能源汽车的领导者地位。

二是打造核心技术竞争力。作为新能源汽车的核心组件，电池技术对于比亚迪的成功至关重要。比亚迪致力于电池技术的研发和改进，提高电池能量密度、续航里程和充电速度，以增强电动汽车的性能和用户体验。

比亚迪一直坚信，只有解决了电池储能的问题，电动车市场才能迎来爆发。比亚迪在能源存储的研发上投入了大量的资源和资金。比亚迪汉之所以月销两万台，得益于独创的刀片式电池储能技术。该技术大大提升了电池的续航能力，让比亚迪汉在中级电动车上傲视群雄。

比亚迪的四次战略转型，虽然时空不同、市场环境不同，但一直没有脱离三大主轴：新能源、电池技术、产品力。虽然比亚迪在头十年走了一些弯路，但积累了丰富的造车经验，促使其更加坚定了新能源汽车这一战略方向。弯下身来，才能跳得更高。

比亚迪用 28 年时间、4 次战略转型，阐释了一个亘古不变的真理：有志者事竟成。

温氏集团战略转型案例

我们曾为数十家知名企业提供过战略转型的咨询服务，最让人印象深刻的是温氏集团。它的战略转型路径，也许能给许多企业带来镜鉴。

温氏集团前身为 1983 年创建的新兴县簕竹鸡场，历经 40 年已发展成为国内最大的畜禽养殖企业，以黄羽鸡和生猪养殖为主，以奶牛、肉鸭养殖为辅，并兼营乳品、熟食、冰鲜产品和农牧设备制造销售。

温氏集团能够成长为畜禽养殖龙头得益于其独特的发展模式——温氏模式，即紧密型"公司＋农户（或家庭农场）"的产业分工合作模式。通过温氏模式，温氏集团真正解决了养殖业大规模化而因技术跟不上导致的高成本难题，在大规模养殖基础上实现了家庭农场式的精细化管理。

温氏模式的特点可以归纳为三点：在操作方法上，公司与农户以封闭式委托养殖方式进行合作，由集团作为组织者和管理者负责产业链种苗生产、饲料生产、疫病防治、技术服务、回收销售等环节，而农户负责畜禽饲养环节；在利润分配机制上，公司采用价格保护制度来保证合作养殖户的养殖收益；在风险控制上，通过封闭式委托合作方式分解产业链风险。

该经营模式有着不可替代的优势：一是启动资金低、适用面广，能够快速复制到其他畜禽品种和地区；二是产品质量稳定，在封闭式委托养殖契约下温氏集团对产业链全程控制，保证合作农户养殖成品的高品质；三是能充分保证农户收益，符合我国国情。

1983—1989年，温氏集团在养殖黄羽鸡过程中发展形成了紧密型"公司＋农户"模式。1997年，温氏将此模式从肉鸡养殖复制到生猪养殖，2004年又复制到肉鸭养殖，并从广东地区复制到华南其他省市以及华东、华中、西南、华北、东北、西北等区域，遍及全国20多个省（自治区和直辖市）。

2017年，四年一度的禽流感让行业饱受痛苦。在活禽转生鲜的大背景下，供应与需求之间出现不协调，年初大亏，年尾大赚。这看似风云变幻，实则无可奈何。

2016年，温氏集团实现商品鸡销售8.19亿只，占同期全国销量的20.96%；2017年前三季度，上市肉鸡6.02亿只。虽然鸡的销量有所增长，但销售价格远远低于成本线，温氏养禽事业部出现了深度亏损。

如何破局？唯有转型。说转型，很简单。对温氏这么大体量的公司来说，转型并不轻松，而且是一个巨大的挑战。

面对经营困境，温氏集团首先是果断进行减产，控制投苗量，减少出栏量，降低亏损额。但主动减产并不是主动进取的策略，依旧是面对需求的被动调整，如何掌握市场的主动权，需要适应转型的时代背景。

2017年5月24日，为加快推动养禽业转型升级，温氏集团迅速成立养禽业转型升级领导小组，以期拓展流通渠道，彻底打通消费端，解决"转变经营理念，减少流通环节，建立屠宰加工厂，引领终端门店发展"等关键问题。

为此，温氏集团主动转型，采取了以下应对措施：

（1）及时调整肉鸡品种结构。坚持以市场为导向，以适合专业化饲养、适合消费需求、适合屠宰的品种（提高均匀度）为调整的主攻方向。

（2）积极推动养鸡业务转型升级。部署肉鸡屠宰业务，转变销售方式，推行订单式生产，定制化销售。

（3）加快生鲜业务布局。

（4）开辟新的销售渠道，满足团体客户大宗采购的需求。

布局生鲜业务，是温氏集团的重大转型方向。这意味着温氏的战略重心正在发生变化。为了让员工达成转型共识，温氏集团董事长温志芬放言：5年后，屠宰后上市鲜鸡，以及熟食鸡要达到30%以上，积极探索温氏生鲜连锁店发展，为今后长远发展做准备。

温氏高管在各种场合不断强调："食品市场空间巨大，盈利能力优于养殖端，养殖企业要向食品企业转型才能有更大的发展空间。熟食深加工是禽业公司向食品公司迈进的关键一步，也是禽业走向全产业链发展的最后一端，是温氏养禽业转型升级的终极目标。只有打通熟食深加工这一端，才能把全产业链的价值体现出来，才能真正建立起温氏养禽业的竞争新优势。"

从活禽转熟食，这条路过去鲜有成功案例，更重要的是，将活禽加工成熟食成本比较高，大规模生产相对于小作坊没有成本上的优势。另外，各地的饮食差异比较大，一种风味难以满足不同地区消费人群的需求。

为了解决此痛点，温氏专门成立了温氏佳味公司，并陆续推出了满足消费者需求的数十款新品，涵盖阿妈靓汤系列、酱卤系列、调理品系列、蛋品系列、熏腊制品。

近年来，预制菜爆红。温氏预判到预制菜的风口到来，很早就在熟制菜肴、预制菜肴上进行深度布局，推出了白切鸡、盐焗鸡、豉油鸡、骨香鸡等熟食鸡菜品，以及胡椒猪肚鸡汤、灵魂烤鸡、蒜香小排和卤蛋等畅销预制菜品。

其中，核心大单品"功夫熟鸡"系列，已成为预制菜市场上的超级大单品。其爆品逻辑在于两点：一是选定盐焗鸡、白切鸡、猪肚鸡等菜品为产品方向，因为它们都是粤菜的经典代表菜品，而粤菜近两年发展势头强劲；二是因为这些菜品的后厨出品转化率极高。

在具体餐饮场景中，连锁卤味门店里顾客复购率高的盐焗鸡、手撕鸡，中式餐厅里顾客赞不绝口的椰子鸡、猪肚胡椒鸡，都可以通过温氏佳味的预制土鸡爆品轻松转化。

从种鸡培育、养殖、屠宰等产业端源头，温氏佳味凭借自有生态农场、自有屠宰场的优势，保证"土鸡"选材的优质，现宰现烹，并以十二道功夫的标准工艺，呈现土鸡"鲜、嫩、韧、爽"的极致口感；同时，通过液氮技术锁住熟鸡新鲜营养，配套冷链物流服务，让餐饮后厨可轻松转化出上百款新鲜土鸡菜品。

预制菜产业走过最初的价格战阶段，迈进品牌化发展阶段，基于高品质、高标准的多维竞争显得尤为重要。为此，温氏集团与中国国家羽毛球队展开了深度的合作，通过国羽认可以及国羽官方供应商的"身份"，传达了温氏佳味的核心价值与品牌文化。

通过多年努力，"温氏佳味＝餐饮土鸡服务商首选"的认知在餐饮商户心中已逐渐形成。2022 年 7 月，由餐饮大数据研究与测评机构 NCBD（餐宝典）发布的"2022 中国餐饮金饕奖"预制菜企业 TOP50 榜单，温氏食品从 8 万家预制菜企业中脱颖而出成功上榜。

此外，温氏佳味最近面向餐饮企业多次开展了游学、论坛、研讨会等活动，为餐饮企业多维度持续赋能。通过一系列的营销"组合拳"，温氏佳味塑造了一个清晰且有差异化的"土鸡食材服务商"品牌形象。

温氏集团通过战略转型，顺利切入万亿级的预制菜市场，找到了下一个增长极。

思考题

你有聘请"外脑"为企业做战略规划吗?

你的企业有升级转型的行动举措吗?

转型是大企业才需要吗?

请结合本章的阅读感受,写出收获和行动改善、计划思路关键词:

1

2

3

4

5

发送阅读思考作业给作者,获得咨询问答和互动。